YINGKE® 盈科

盈科全国业务指导委员会系列丛书

企业上市知识全程解答

盈科律师事务所 / 编

李曙衢　钟燕杰 / 主编

法律出版社 LAW PRESS · CHINA

北京

图书在版编目(CIP)数据

企业上市知识全程解答 / 盈科律师事务所编 ; 李曙衢, 钟燕杰主编. -- 北京 : 法律出版社, 2021
ISBN 978-7-5197-5704-5

Ⅰ. ①企… Ⅱ. ①盈… ②李… ③钟… Ⅲ. ①上市公司-基本知识-中国 Ⅳ. ①F279.246

中国版本图书馆CIP数据核字(2021)第115069号

企业上市知识全程解答
QIYE SHANGSHI ZHISHI QUANCHENG JIEDA

盈科律师事务所 编
李曙衢 钟燕杰 主编

策划编辑 朱海波
责任编辑 朱海波 李军
装帧设计 汪奇峰

出版发行 法律出版社
编辑统筹 法律应用出版分社
责任校对 邢艳萍
责任印制 吕亚莉
经 销 新华书店

开本 710毫米×1000毫米 1/16
印张 16 **字数** 257千
版本 2021年10月第1版
印次 2021年10月第1次印刷
印刷 固安华明印业有限公司

地址:北京市丰台区莲花池西里7号(100073)
网址:www.lawpress.com.cn
投稿邮箱:info@lawpress.com.cn
举报盗版邮箱:jbwq@lawpress.com.cn

销售电话:010-83938349
客服电话:010-83938350
咨询电话:010-63939796

书号:ISBN 978-7-5197-5704-5
定价:58.00元

本书编委会

主 编 李曙衢 钟燕杰

编 委 李战强 贾杜雅 王丽娇 马盼盼 李 岩

联合策划

河南省法学会证券法学研究会

YINGKE® 盈科

企业上市挂牌的小红书

01　企业的梦想

这是一个大众创业、万众创新的年代。每一个企业都有梦想:希望自己的企业快速发展,做大做强,并且基业长青。党的十九届五中全会提出了“十四五”规划和2035年远期目标,中国梦既是国家的梦,民族的梦,也是每个企业家的梦。

同时,这是一个最坏的年代。中美贸易冲突,美国政府极力打压中国,新冠疫情袭来,病毒幽灵经久不退。在出口萎缩、疫情肆虐和债务压力的多重打击下,许多中小企业停产倒闭,哀鸿一片。

客观地说,这又是一个最好的年代。在党中央的坚强领导下,中国有效控制了疫情,成为全球唯一实现正增长的主要经济体。资本市场为企业发展提供了重大机遇:国家重视,政府支持,资本助力,越来越多的中小企业成功上市,借助资本市场,驶入健康发展的“快车道”。

02　上市的困惑

许多人会问:企业为什么要上市?企业上市的意义和作用是什么?我认为主要有以下五点:

第一,完善公司治理结构。上市公司必须建立现代企业制度,不断提升公司治理水平,为企业实现可持续发展、打造百年公司奠定制度基础。

第二,打通直接融资渠道。上市公司通过资本市场,可以实现巨额的直接融资,还可以通过持续创新,不断实现多种形式的再融资,进而迅速发展壮大。同时,各家银行也更愿意为上市公司提供贷款支持。

第三,实现企业价值最大化。企业上市不仅能够实现企业价值、股东价值的最大化,造就众多的亿万富翁,而且可以通过股权激励,实现人才团队和骨干员工价值的最大化,极大提升企业的竞争能力和创新能力。

第四,全面提升公司形象。上市公司本身就是一张金字招牌,资本市场的股票行情每天都在为上市公司免费宣传。客户和消费者更乐意与上市公司打交道,政府也更愿意为上市公司提供帮助和支持。

第五,增强抵御风险能力。上市公司决策能力、融资能力、创新能力更强,各方面支持的力度更大。因此,与非上市企业相比,上市公司抵御风险的能力更强大。

因此,我们看到了这样的现实情况:在世界500强、中国500强企业中,95%的企业是上市公司。

党中央、国务院对资本市场高度重视,资本市场作为现代金融的枢纽,牵一发而动全身。资本市场正在加快改革发展,为企业提供更多的机会。

2020年河南省新增上市公司已超过10家,创历史新高。越来越多的中小企业秣马厉兵,努力学习,奋勇争先,纷纷加入上市后备企业的队伍行列。

然而,资本市场是市场经济中的一种高级形态,是一个高度专业化的市场。俗话说,隔行如隔山,术业有专攻。广大企业在上市过程中会遇到很多问题,如本书中列举汇总的190多个问题,常常会使许多企业陷入困境。

03 专业的解读

河南省法学会证券法学研究会在省法学会的领导下,致力于河南省证券法学研究和证券行业的健康发展,是河南省资本市场的专家智库。此次委托北京市盈科(郑州)律师事务所长期从事企业上市等证券法律服务的律师组织编写证券业务专业知识读本,是一次有益的探索。盈科律师事务所作为全国规模最大的律所之一,在世界100多个国家和地区设有办事处,境内执业律师超过万名。北京市盈科(郑州)律师事务所现有执业律师240余名,深耕河南资本市场多年,在服务企业上市方面积累了丰富的经验。本书有如下特点:

一是内容全面,方便查询。全书共11章,介绍了境内外资本市场,涵盖了从上市准备、上市辅导、申报审核、上市发行等各个环节,汇总解答了190余个问题。

二是语言通俗,简单明了。本书文字简洁,语言流畅,面向广大中小企业,通俗易懂地介绍了资本市场的专业知识,解答了企业上市过程中常见的问题,认真阅读之后，会对企业上市有比较全面的了解。

三是解读准确，避免误区。北京市盈科（郑州）律师事务所由主任律师领衔，组织了一批青年骨干，集中精力进行编写。他们以严谨的工作态度、优秀的专业素养和准确的法律语言，完成了这项富于创新的工作，本书有助于企业少走弯路，避免误区。

我曾经担任河南证监局局长 11 年，见证了全省 68 家企业的上市过程，对企业和资本市场有着深厚的感情。看到本书成功推出，我非常高兴，真诚地向大家推荐。

侯苏庆　中国证监会河南监管局原局长

2021 年 3 月 10 日

目 录
CONTENTS

第一章 chapter 1 为什么要上市

第二章 chapter 2 中国资本市场

第七章 chapter 7 上市常见问题

第八章 chapter 8 上市辅导

第九章 chapter 9 申报与审核

第十一章 chapter 11 上 市

第一章　为什么要上市

1. 企业为什么要上市?

很多企业家会问同样一个问题:企业为什么要上市?

如果用一句话来回答,就是上市为企业打造了一个融资平台,提高了企业抵御风险的能力,也为企业提供了一个融资并规范发展的机会。当然,这样的回答还是有很多企业家难以理解,想要了解得更详细,则要从我国企业,尤其是中小型企业的融资状况讲起。

改革开放以来,企业融资难问题一直是困扰企业,尤其是民营企业发展的一大障碍,在证券交易所出现以前,多数企业基本上只能通过银行等金融机构的贷款进行融资。随着银行等金融机构对贷款风险管控越来越严,企业通过贷款融资必须提供足额的抵押物或其他保证,致使一些轻资产企业因无抵押物而无法通过银行贷款融资,即使有些企业能够融资,也要将全部或大部分资产抵押给银行,一旦企业无法归还贷款,企业资产将会被拍卖或以资抵债,严重影响了企业的持续经营能力,使企业面临巨大的风险。一些轻资产的企业,特别是高新技术企业因为没有足额的抵押物作保证,难以获得金融机构贷款支持的现象尤为突出,融资难一直是影响企业快速发展的阻碍。

证券交易所设立后,进入证券市场的上市公司可以通过股权方式融资。股权融资方式不再受制于企业抵押物资产的价值,而是与企业的盈利能力和发展前景相关联,企业只要有良好的持续经营能力且得到投资者的认可,就可以通过释放一部分股份,换来投资者对企业的股权投资。股权投资不需要限期偿还,企业不再有还款的巨大压力；企业可以通过增加企业资产，降低资产负债率；企业也可以根据发展需要，更好地规划资金的用途，把股权融资得到的资金用于企业的发展；投资者也可以通过投资与企业共同成长，并帮助和监督企业规范运营。证券交易所为企业打造了一个融资平台，为企业提供更多用于发展的资金，资金实力的增加也有利于提高企业抵御风险的能力，大大提高企业的竞争力。

当然，公司通过证券交易所实现股权融资是上市的效果之一，除融资外，在证券交易所上市还有以下好处：

1. 扩大知名度。公司在证券交易所上市后，大批投资者在股票交易过程中会不断关注上市公司的信息，从而扩大公司的知名度，提高社会竞争力。

2. 吸引人才，实现长远发展。上市公司本身就是一张名片，代表企业的影响力和竞争力。上市公司较非上市公司更容易吸引人才，也能为人才发展提供更好的环境，对于企业的长远发展具有重要意义。

3. 提高企业信用，降低融资成本。股权融资是直接融资，增加股本可以增加企业资产，降低资产负债率，提高企业竞争力，同时，上市公司本身就代表企业的实力，一般都具有较好的信用，也是银行等金融机构的优质客户，所以，即使通过银行贷款，其融资也会更加容易，利率较非上市公司往往更加优惠，这对降低企业的融资成本、提高公司的盈利能力具有重要意义。除此之外，上市公司还有如债券融资等更多的融资途径，上市可以打破企业融资难的魔咒，这对企业发展十分有利。

4. 增强抵抗风险的能力。按照上市公司的规范要求，上市公司要有规范的治理结构和完善的内部控制制度，再加上融资和人才的增持，其抵抗风险的能力会远远超出普通企业。

2. 企业一定要上市吗？ 华为不上市，不也发展得挺好吗？

客观来讲，上市与不上市，都是基于企业的战略选择，企业并不一定要上市。现在有一些企业不上市，专注于主营业务，通过贷款等方式获取资金支持，也一样可以实现企业的长远发展。上市对企业来说，并非有益无害。企业决定是否上市，需综合考虑上市带来的利好因素与不利因素，权衡利弊，进而作出上市决策。这里先讲上市的不利方面，笔者认为，主要有以下几点：

第一，上市增加了企业的决策难度。上市公司在进行经营决策时，要考虑经营决策对股票价格的影响，增加了决策的复杂程度。股市政策也会影响企业的决策，包括企业要考虑给投资者的回报，现有的上市规则要求企业盈利时要有一定比例的分红；企业要熟悉资本运作，通过资本运作提高企业股票价格；企业股票价格偏低时引发恶意并购，威胁企业控股股东和实际控制人的控制权；等等。

第二，上市会产生额外的成本。上市作为公众公司，要让投资者判断企业的投资价值，就要按照要求披露企业经营及财务等信息，证券市场对上市公司的信息披露有严格的要求，这会额外增加企业的管理成本；上市后要聘请保荐人持续督导，聘请会计师事务所审计，聘请律师事务所提供见证等，这会增加维护成本；企业要严格按照各项议事规则召开股东大会、董事会、监事会等，这会增加企业决策的复杂性和沟通成本。

第三，上市公司的信息披露会泄露企业的经营信息。上市公司要严格遵守各项交易所上市规则，及时进行信息披露，公开公司的经营情况和财务信息，上市公司发生的重大事项也要及时公开。这些信息不仅投资者可以获取，公司的竞争对手也可以通过公开途径取得，企业的商业秘密会被他人知悉，这对企业经营会产生不利影响。而非上市公司则无须公开企业的经营和财务信息，也不必担心商业秘密被他人知晓。

第四，上市不代表企业有“免死金牌”。上市为企业提供了一个融资平台和规范发展的契机，并不是给企业打上了“保护伞”，企业从此就可以高枕无忧。如果企业不专注于主营业务，或者上市后安于现状，不思进取，同样会陷入困境，甚至走向破产或倒闭。证券市场不断有企业因经营不善被退市或破产，这也说明上市并不能给企业造就免死的铜墙铁壁。

从以上简单的分析来看，上市并非万能，企业如果专注于企业主营业务，不上市也一样可以取得发展。以华为为例，企业没有谋求上市，专注于企业通信等主营业务的研发和生产，同样可以成为一个国际化的大企业，而且在可见的时间内，华为也不会考虑上市，这是华为的战略选择，也是华为成功的伟大之处。

但企业进行上市决策时，也要重视上市给企业带来的好处。上市可以为企业带来更多的发展机会；上市可以拓宽企业的融资渠道，通过获得社会资金等外源融资用于企业的发展，提高了企业的资产质量，增加了资金实力，企业会有更强的抵御风险能力；上市有利于企业提高规范度，有利于吸引更多人才，加上企业上市后募资形成的资金实力，都可以大大提高企业的竞争能力，更有利于企业实现长远发展。而非上市公司更多地只能依靠自身的利润积累等内源融资滚动发展，发展速度相对来讲会慢很多。在竞争越来越激烈的今天，企业不进则退，发展慢也会成为被淘汰的原因。放眼全球，能够像华为这样不上市一样取得成功的企业毕竟是凤毛麟角，也不是每一个企业都能达到华为的高度。企业进行发展规划时，也不妨关注一下上市给企业带来的利好。企业若有志于成为百年老店，上市不失为一个很好的发展选择。

3. 企业规模很小，是不是要等成规模了再考虑上市的事？

现在很多企业都是等到基本符合发行上市的财务标准后才考虑启动发行上市工作。如果企业日常经营就非常规范，这样安排可以大大降低上市要支付的中介费用，但是，如果企业存在大量问题，这样安排往往会影响企业的经营和上市规划。

第一，企业日常经营中因不规范产生的法律、财务问题会成为上市的障碍。在企业发展的前期，很多企业由于规模小等原因，不愿负担相应的管理费用，往往缺乏投行专业人士、专业律师和会计师等证券服务机构的指导，企业的规范性较差，由此产生了一些法律或财务方面的问题，上市时这些问题可能会演变成上市的法律障碍或财务障碍。企业符合上市财务条件后才启动上市，由于规模较大，利益方往往预期更大，这些问题的解决一般要花费更高的费用。这是很多企业上市整改时付出重大代价的原因。

第二，企业存在的重大违法违规行为会打乱企业上市规划。企业上市一般要求企业及其控股股东、实际控制人、董事、监事、高级管理人员不得存在重大违法违规行为。如果企业不规范，一旦产生重大违法违规行为，会给上市形成实质性的法律障碍。企业遇到这种情况,就要再等上 3 年左右的时间,等重大违法违规行为甩出报告期后才能重新考虑申报,这是大量企业在启动上市工作到上市成功需要 3 年以上时间的主要原因。企业上市时间的滞后,会打乱企业的上市规划,也降低了上市的成功率,可能还会影响企业正常的经营活动。

中国证监会发布的《首次公开发行股票并上市管理办法》(以下简称《首发上市管理办法》)、《科创板首次公开发行股票注册管理办法(试行)》(以下简称《科创板首发注册办法》)以及《创业板首次公开发行股票注册管理办法(试行)》(以下简称《创业板首发注册办法》)均要求,发行人主营业务、控制权、管理团队和核心技术人员稳定,最近 2 年内或 3 年内主营业务和董事、高级管理人员及核心技术人员均没有发生重大变化;发行人生产经营符合法律、行政法规的规定,符合国家产业政策,近 3 年内,发行人及其控股股东、实际控制人不存在贪污、贿赂、侵占财产、挪用财产或者破坏社会主义市场经济秩序的刑事犯罪,不存在欺诈发行、重大信息披露违法或者其他涉及国家安全、公共安全、生态安全、生产安全、公众健康安全等领域的重大违法行为等。

第三,法律和财务问题的解决需要律师和会计师的专业指导。很多企业家往往比较自信,自以为企业不存在法律问题或财务问题,但实际上,根据我们的既往经验,几乎没有哪家企业在没有律师和会计师帮助的情况下就能做到规范,经营中会产生很多法律或财务问题,而这些问题的解决需要上市律师和具备上市经验的会计师提供专业指导。企业启动上市后,在律师、会计师和保荐人的尽职调查后,大多企业都会面临一大堆影响上市的法律问题或财务问题,这些问题有些整改后不会影响上市,但还有一些问题会成为上市的实质性障碍。建议企业提前谋划,并在法律和财务问题的判断和解决上取得专业的上市律师和会计师的帮助。

第四,企业要想成功上市,就要提前做好上市规划。建议企业要对发展有明确的预期和规划,在企业发展预期能满足上市财务条件的前 3 年启动上市准备工作,聘请专业的上市律师、会计师以及保荐人提前介入,对企业的法律问题或财务问题提前进行整改,这样可以有效避免报告期内重大法律和财务问题的干扰,提高发行上市的申报质量,大大提高发行上市的成功率,减少发行上市的成本。

4. 为什么很多企业无法上市？

企业无法上市的原因有很多，各家都有自身的特殊性，归纳起来主要有以下几个因素：

1. 企业所处行业或形式问题。并不是所有的企业都选择上市，也不是所有的行业都适合上市。一些夕阳产业，如彩电、DVD、空调等家电产品，如果没有更好的技术支撑业绩增长，就很难进入资本市场。另外，企业上市必须是股份有限公司，合伙企业、个体工商户、中外合作企业等，如果不按照要求改制为股份有限公司，是不能进入资本市场的。

2. 上市条件无法满足。上市需要一定的条件，对公司的主体资格、规范运行、财务和会计、独立性和募集资金用途上都有较高的要求，无法满足上市所必需的条件就难以成功上市。尤其是发行人或控股股东、实际控制人近 3 年内存在重大违法违规行为，或者企业的生产经营不符合国家产业政策，这样的企业就难以进入资本市场。

3. 筹备阶段问题突出。筹备上市阶段工作开展凌乱，选用服务机构不专业，启动时间迟，是多数企业无法顺利完成上市的重要原因。企业要想上市顺利，最佳的方式是做些前期筹备工作。企业要组织好上市领导小组，提前聘请上市律师、会计师和保荐人企业问题进行梳理，并给予规范指导。企业工作有序，上市工作就会顺利。

4. 上市障碍多。企业历史遗留问题过多，企业不规范等问题若在证券服务机构进行尽职调查后突然被发现，则给企业上市形成实质性障碍，使上市遥不可及。如企业存在股权纠纷，历史出资混乱，现金交易众多，报告期存在重大违法违规行为等，就很可能给企业上市形成难以逾越的障碍。

5. 政策发生重大变化等。我国资本市场受政策影响较为明显，昨天能够上市的企业随着政策的变动可能明天又不能上市，政策的重大变化也会影响上市的成功率。企业应把握好上市时机，避免长时间整改带来的不确定性。

资本市场的发展得到了国家的高度重视,以后鼓励更多企业上市将成为国家经济发展的趋势。只要主营业务符合国家产业政策,且不存在重大违法违规行为,符合发行上市的财务或市值要求,经过保荐人、律师和会计师的指导,企业一般都可以到证券交易所发行上市。

第二章 中国资本市场

第一节 中国资本市场的现状

5. 什么是资本市场?

资本市场是指期限在1年以上的各种资金借贷和证券交易的场所,也称中长期资金市场。一般意义上的资本市场包括股票市场、债券市场、基金市场、中长期信贷市场和衍生品市场。作为国民经济的“晴雨表”,资本市场与一国GDP的增长趋势密切相关,资本市场的发展对一国经济增长具有重要意义。

资本市场按融通资金方式的不同,可分为银行中长期信贷市场和证券市场。若以金融工具的基本性质分类,资本市场可区分为信贷市场、证券市场(股票市场、债券市场、基金市场)、期货市场等。从资本市场的分类来看,证券市场是资本市场的一部分,也是资本市场的核心和主要部分,证券市场是股票、债券、投资基金等有价证券发行和交易的场所,是资本市场的主要部分和典型形态。但资本市场的产品不一定都依赖证券市场,通过证券市场进行交易的资本产品,与资本市场有着紧密的联系。笔者在本书中谈企业发行上市时经常提到的资本市场,更多的是一个狭义的概念,基本等同于证券市场,尤其是股票发行和交易市场。本书中所提到的资本市场与证券市场是等同的,也完全可以用证券市场代替。

2003年,《中共中央关于完善社会主义市场经济体制若干问题的决定》中明确提出多层次资本市场体系的建设,这里的多层次资本市场主要是指证券市场。

从国外的资本市场建设来看，与股权交易有关的多层次资本市场体系中的股权交易市场一般包括主板和创业板市场组成的场内交易市场及场外交易市场等。主板市场，一般被视为一板市场，即证券交易所市场，是指在有组织的交易所进行集中竞价交易的市场，主要为大型、成熟企业的融资和转让提供服务；创业板市场，一般被视为二板市场，指与主板市场相对应，专为处于幼稚阶段中后期和产业化阶段初期的中小企业及高新技术企业提供资本融通的股票市场；场外交易市场，包括柜台市场、区域性市场等场外交易市场，处于资本市场的第三个层次，被视为三板市场，主要解决企业发展过程中处于初创阶段中后期和幼稚阶段初期的中小企业在筹集资本性资金方面的问题，以及这些企业的资产价值（包括知识产权）评价、风险分散和风险投资的股权交易问题。

以美国为例，美国证券交易场所由全国性证券市场和区域性证券市场组成，全国性的证券市场主要包括纽约证券交易所（NYSE）、全美证券交易所（AMEX）、纳斯达克股市（NASDAQ）和电子公告板市场（OTCBB）；区域性的证券市场包括费城证券交易所（PHSE）、太平洋证券交易所（PASE）、辛辛那提证券交易所（CISE）、西部证券交易所（MWSE）以及芝加哥期权交易所（CBOE）等。美国的资本市场包括3个层次：（1）主板市场。美国证券市场的主板市场是以纽约证券交易所和全美证券交易所为核心的全国性证券交易市场，纽约证券交易所对上市公司的要求较高，主要表现为在该交易所上市的企业一般是知名度高且全世界最大的一些大企业，公司的成熟性好，有良好的业绩记录和完善的公司治理机制，公司有较长的存续性和较好的回报，中国电信等公司在此交易所上市。全美证券交易所运行成熟且规范，股票和衍生证券交易突出。上市条件比纽约交易所低，但也有上百年的历史。许多传统行业及国外公司在此上市。（2）以纳斯达克为核心的二板市场。纳斯达克证券交易所是完全的电子证券交易市场和全球第二大证券市场，证券交易活跃，采用证券公司代理交易制，按上市公司大小分为全国板和小板。纳斯达克重点关注公司的成长性和长期盈利性，在纳斯达克上市的公司普遍具有高科技含量、高风险、高回报、规模小的特征。（3）遍布各地区的全国性和区域性市场及场外交易市场。该市场为三板市场，突出的有全国性的电子公告板市场，该市场是纳斯达克股市直接监管的市场，与纳斯达克股市具有相同的交易手段和方式。它对企业的挂牌要求比较宽松，并且挂牌的时间和费用相对较低，主要满足成长型的中小企业的融资需要。

我国也建立了多层次的资本市场,大致可分为四个层次:一板市场是上海证券交易所的主板和深圳证券交易所的主板和中小板(2021 年深圳证券交易所中小板与主板合并);二板市场是创业板和科创板市场,以及 2021 年 9 月 2 日习近平总书记提出的新设立的北京证券交易所;三板市场是全国中小企业股份转让系统(以下简称全国股转系统);我国现在还建立了各省的区域性股权市场,称为四板市场。多层次资本市场的建立,为我国企业发展提供了更好的平台。

6. 证券市场和资本市场是一样的吗?

证券市场是指证券交易的场所,既包括场内交易的证券交易所形成的证券交易市场(在我国主要指上海证券交易所和深圳证券交易所,以及 2021 年 9 月 2 日习近平总书记提出的新设立的北京证券交易所),也包括场外交易的柜台交易市场(在我国有全国股转系统组成的新三板市场和区域性股权市场,如各省成立的股权交易中心或股权托管中心)。从功能上划分,证券市场可分为发行市场与交易市场。严格来讲,证券市场是资本市场的一部分,二者并不等同,资本市场包括信贷市场和证券市场等。但习惯上,在企业发行上市提到的资本市场,又基本等同于证券市场,本书不严格区分资本市场和证券市场这两个概念。

7. 我国证券市场有哪些?

我国已经建立了多层次的资本市场。目前的证券市场分为四个层次。最高层次为场内交易的证券交易所形成的证券交易市场,目前有上海证券交易所和深圳证券交易所,近期我国也在新三板精选层的基础上筹备北京证券交易所,几个交易所股票发行上市分别有不同的板块,错位发展。上海证券交易所股票发行上市有主板和科创板，深圳证券交易所股票发行上市有主板、中小板和创业板，2021 年 2 月 5 日，中国证监会批准深圳证券交易所主板和中小板合并，深圳证券交易所股票发行上市变为主板和创业板两个板块。北京证券交易所是习近平总书记在 2021 年中国国际服务贸易交易会开幕致辞时宣布新设立的一个上市板块。其中，主板可称为一板市场，上市的企业规模大。科创板和创业板可称为二板市场，以科技型企业为主。我国科创板市场和创业板市场相当于国外的创业板市场，但又与国外的创业板市场有所不同。北京证券交易所成立后，新上市的企业初期一般规模要小，是平移原来新三板精选层的挂牌企业，其性质介于创业板和三板市场之间，主要面向规模较小的企业。境外的创业板市场低于主板市场，达到规定条件，创业板市场可以转入主板市场，但我国的科创板、创业板市场和主板市场在规则上存在高度类似，只是在企业的科技属性及企业规模等方面有较大的差异，不存在两个板块的互转，也没有明显的层级划分。

在二板市场下面的层级是场外交易市场。我国目前的场外交易市场也分为 2 个层级。一个是全国股转系统组成的新三板市场，这个市场在我国是一个全国性的市场，而且设置了多种交易方式，包括协议转让、集中竞价转让、连续竞价转让、做市商转让等。另一个层级最低，即区域性股权市场，如各省成立的股权交易中心或股权托管交易中心，各地名称不同，但都是证券市场的一部分，区域性股权市场只能开展协议转让，是我国最基础的一个市场。（见图 2 - 1）

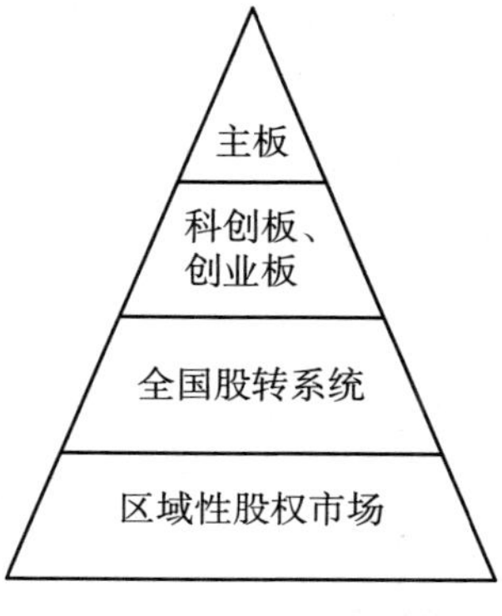

图 2 - 1　我国证券市场层级

8. 我国资本市场与境外资本市场有什么不同？

我国资本市场与境外资本市场在性质上是一样的,都是1年以上中长期金融工具交易的市场。但我国资本市场发展较晚,与境外的资本市场还是有些不同的。以证券市场为例,我国证券市场与境外资本市场的差异主要有以下几个方面:

1. 发展的路径不同

境外的证券市场一般是从柜台交易市场逐步发展到主板市场。2000年以后,各国为支持科技型企业发展,先后设立了创业板市场,形成了柜台交易市场、创业板市场和主板市场三个层次,这些层级之间可以相互转板。

我国证券市场从1991年开始设立,作为我国经济体制改革的内容之一,初期的证券市场只有主板一个板块,带有较强的行政色彩,采取审批制,主要是为解决改革开放初期国有企业的改制问题而成立的。随着证券市场作用的发挥,民营企业及规模较小的企业到证券交易所发行上市的呼声越来越高。2004年5月,我国在主板市场下面设立了中小板,中小板市场实行与主板相同的规则,层级上与主板也是一样的,只是规模稍小于主板市场,但也没有严格的划分。20世纪末至21世纪初,随着各国创业板市场的设立及其对科技型企业的推动作用越来越明显,我国也筹备设立创业板,并于2009年正式推出创业板,发行上市规则采取和主板不完全一致的规定,但在审核制度上都采取核准制。2013年,我国在中关村代办股份转让系统基础上设立了面向小微企业的全国股转系统,即新三板市场。从性质上来看,新三板是柜台交易市场,在层级上低于创业板市场。2017年,我国又在新三板之后允许各省成立区域性股权市场,区域性股权市场面向小微型企业,是柜台交易市场的组成部分。2018年11月,我国为推动证券市场注册制改革的实施,由国家主席习近平在首届中国进出口博览会开幕式上宣布在上海证券交易所设立科创板,科创板是独立于现有主板市场的新设板块,并在该板块内进行注册制试点。设立科创板旨在提升服务科技创新企业能力,增强市场包容性,强化市场功能,是资本市场一项重大改革举措。科创板市场在层次上与创业板相同，可以称为二板市场，但由于我国证券市场的发展多是为了适应改革的要求，所以与境外证券市场走了不完全一致的发展路径。2021年9月2日，习近平总书记在中国国际服务贸易交易会开幕致辞时宣布新设立北京证券交易所，将主要服务于创新型中小企业，重点支持先进制造业和现代服务业等领域的企业，推动传统产业转型升级，培育经济发展新动能，促进经济高质量发展，同时也是新三板改革的重要步骤。

2. 转板方式不同

境外的证券市场不同板块之间往往可以互转，如香港联合交易所的创业板市场发行上市的股票在符合一定条件后，可以申请转入主板市场交易，相互之间的互通性较好。我国证券市场目前也在逐步建立和完善转板机制，但相互之间的转板与境外证券市场有所不同，国内证券市场的转板目前主要是柜台交易市场向场内交易市场的互转，如新三板企业符合条件进入精选层的企业转板至科创板和创业板市场，国内证券市场的主板与科创板、创业板以及科创板和创业板之间都不存在转板机制，我国的主板市场和科创板、创业板没有严格的一、二板的划分，基本上可以视为一个板块，差异仅限于上市规则及交易规则上的一些不同。新设立的北京证券交易所，将与目前的全国股转系统即新三板的创新层衔接，实现大家通常所讲的转板机制，这样在转板机制上与发达国家的资本市场越来越近似，其对创新型中小企业发展具有重大意义。

3. 审核制度不同

境外大多数证券市场都实行注册制，也有个别市场实行核准制。我国证券市场从1991年证券市场成立以来，先后采用审批制、核准制，2018年科创板设立后，科创板实行了注册制。2020年，创业板也改革为注册制。我国目前证券市场的改革方向是全面走向注册制，但截至目前，科创板、创业板已全面实行注册制改革，新设立的北京证券交易所也将全面实施注册制。主板还采用核准制，在主板发行上市还要由中国证监会审核批准。随着资本市场的发展，预计我国近两年内也会在主板全面实行注册制，届时我国证券市场的审核制度会与全球多数证券市场一样采用注册制。

9. 企业上市有哪些途径？

一般说的企业上市是指股份有限公司首次公开发行股票上市（以下简称首发上市，IPO），实际上分为首次公开发行股票和上市两个阶段。前者是广义上的上市，是指首次公开发行股票并在证券交易所上市交易；后者是狭义的上市，仅指已经完成首次公开发行股票的企业到证券交易所交易的一种安排，关于发行和上市的区别后文会有讲述。拟上市企业完成股票发行后，可以选择不同的证券交易所进行交易，在我国境内目前有上海证券交易所、深圳证券交易所和北京证券交易所。上海证券交易所主要有主板和科创板板块，深圳证券交易所有主板（含中小板，2021 年合并为主板）和创业板板块，两家交易所的主板的发行上市采取相同的标准，目前由中国证监会审核并由企业自由选择两家证券交易所之一上市。上海证券交易所的科创板、深圳证券交易所的创业板以及新设立的北京证券交易所的上市板块均实行注册制，由证券交易所进行审核，并向中国证监会申请注册。境外大多国家或地区也有自己的证券交易所，国内企业在境外上市较多选择我国香港特区、美国、英国、德国、新加坡等国家或地区的证券交易所上市，不同的市场有自己的发行上市标准。

在我国，除在证券交易所上市外，还能在全国股转系统（俗称新三板）和各地的区域性股权市场挂牌，进入新三板和各地区域性股权市场的公司不称为上市，而称为挂牌，性质上也是证券交易市场的一种安排，在发行条件方面设置不同的标准。新三板是我国资本市场的组成部分，是得到国家认可的证券交易市场，针对的是小微企业，同样可以实现融资的目的，但新三板挂牌与证券交易所上市相比，区别明显，具体区别参考本书有关问题的解答。

10. 注册制是怎样的？注册制下是不是上市很容易？

注册制是指一个国家针对发行上市的公司进行审查的一种制度。目前在国际上的证券交易所发行股票并上市，主要存在两种发行审查制度：一种是核准制，另一种是注册制。核准制一般由证券交易所所在国的证券监督管理部门负责发行审核，一般较为严格，证券监督管理部门要对发行的条件进行严格的审核，以保护投资者的利益。注册制是首次公开发行股票及上市均由证券交易所负责审核，审核的重心一般是信息披露的质量，所在国的证券监督管理部门则负责证券交易所发行审核后的注册管理工作。我国目前并存两种审核制度，《创业板首发注册办法》实施前，创业板和主板、中小板一样均实行核准制，中国证监会负责股票发行的审核工作；科创板推出时即实行注册制，2020 年 6 月发布《创业板首发注册办法》并实施后，创业板也实行注册制，证券交易所负责首次公开发行股票的审核工作，审核通过后上报中国证监会注册，证券交易所负责上市交易安排。2020 年 10 月 31 日，国务院金融稳定发展委员会已经重磅定调，要全面实行股票发行注册制。2021 年 9 月 2 日习近平总书记在 2021 年中国国际服务贸易交易会开幕致辞时宣布新设立的北京证券交易所，将直接全面实施注册制。

不少企业认为推行注册制后上市会很容易，这是一种误解。

从制度的设计本意来看，注册制的实行不存在上市更容易的考虑，更多的是从发行市场化的角度来考虑的。注册制下发行上市的审核是两个平等主体基于双方的合同关系进行的一种市场化发行行为，不再是行政核准性质，证券交易所对企业发行上市审核的重心转向企业信息披露的质量，不再对企业作实质性审核，企业的价值判断及投资的风险交给投资者自己负责，因此注册制下审核理念较之前有重大变化。注册制下对企业质量的把关责任由审核机构更多转向证券服务机构。新修订的《证券法》，对证券服务机构赋予了更重的责任，大幅提高发行上市违规的处罚力度，对证券服务机构的处罚由原来的 50 万元提高到

1000 万元以上。《刑法修正案(十一)》将造假上市的发行人及证券服务机构相关人员的刑事责任提高到 10 年以上。这些变化会促使证券服务机构勤勉尽责,严格开展企业的尽职调查和信息披露工作,对企业的推荐也会更加谨慎,从而使申报企业的质量大大提升。证券服务机构真正做到勤勉尽责就为投资者发行上市把了第一道关,表现出来的结果就是交易所审核的通过率较核准制下会有很大提高。

注册制下发行成功与否与市值直接关联,随着企业上市数量的增多,即使通过交易所的审核和中国证监会的注册,若企业无法得到投资者的认可,投资者或者不愿参与投资,或者大幅降低对企业的估值,企业发行时市值达不到预期,严重时就会使企业发行失败。一旦市场出现发行失败的案例,投资者对发行的风险会更加警惕,投资也会更加谨慎,同时出现企业即使通过审核和注册也无法上市的情况,这就是注册制改革中市场化发行的原意。目前上市还处在供不应求的状态,投资者对发行失败的认识还比较淡漠,投资者估值和发行暂时还不会成为问题,但市场化发行最终会通过企业和投资者对估值的博弈实现。注册制下要求企业自身要有好的质量,企业信息披露质量的要求更高,让投资者真正了解企业,对企业价值判断更加准确,这样才能得到投资者的青睐。因此,和核准制比较,很难讲注册制下的上市会变得更容易。

第二节　区域性股权市场

11. 区域性股权市场是什么样的市场?

区域性股权市场是我国证券市场的柜台交易市场,是服务于中小微企业最基础的市场,也是我国证券市场的重要组成部分。

2008 年 3 月,为推动天津滨海新区改革,《天津滨海新区综合配套改革试验总体方案》指出,为在天津滨海新区设立全国性非上市公众公司股权交易市场创造条件。2008 年 9 月,天津市成立了天津股权交易所,面向全国开展股权交易。天津股权交易所作为非上市公众公司股权交易市场，即柜台交易市场，是场外交易市场的主要组织形式，为非上市公众公司提供股份报价转让服务。之后重庆、上海、山东、湖南、湖北、广东、四川等省市先后成立了股权交易场所。

2017年1月，依据《国务院办公厅关于规范发展区域性股权市场的通知》（国办发〔2017〕11号），各省陆续成立了股权交易中心（各地的名称存在差异），构成了我国区域性股权市场，在我国俗称四板市场。根据2017年5月3日发布的《区域性股权市场监督管理试行办法》（证监会令第132号）的规定，区域性股权市场是为其所在省级行政区域内中小微企业证券非公开发行、转让及相关活动提供设施与服务的场所，区域性股权市场应当作为地方人民政府扶持中小微企业政策措施的综合运用平台，为地方人民政府市场化运用贴息、投资等资金扶持中小微企业发展提供服务。由此可见，区域性股权市场是主要服务于所在省级行政区域内中小微企业的私募股权市场，是多层次资本市场体系的重要组成部分，是地方人民政府扶持中小微企业政策措施的综合运用平台。区域性股权市场作为地方性的股权交易市场，主要服务于所在省份的中小微企业，其在区域性股权市场挂牌期间可以进行符合规定条件的股票发行和转让，在制度设计中具有一定的融资功能，为大量无法进入证券交易所的小微企业提供了进入资本市场的机会。当然，由于各地区域性股权市场建设参差不齐，股权市场能够吸引到的投资者有限，并不是每一家进入地方区域性股权市场的企业都能够实现融资。企业在进入该市场前要综合考量企业及区域性股权市场的情况，慎重决定是否要到区域性股权市场挂牌交易。

12. 区域性股权市场是证券市场的组成部分吗？

区域性股权市场，与全国股转系统类似，都是场外交易市场，其与上海证券交易所和深圳证券交易所的场内交易市场共同构成我国多层次资本市场体系，是我国证券市场的组成部分。

《区域性股权市场监督管理试行办法》明确规定，区域性股权市场是为其所在省级行政区域内中小微企业证券非公开发行、转让及相关活动提供设施与服务的场所。

区域性股权市场与全国股转系统均为我国证券场外交易市场，但在挂牌对象、规则、交易方式等方面存在较大的不同。全国股转系统挂牌对象面向全国，只要具备条件即可申请挂牌，并可以开展股票定向发行、公开发行和转让等活动，但区域性股权市场自《区域性股权市场监督管理试行办法》发布后，只能面向所在省的中小微企业，开展证券非公开发行、转让与相关活动，挂牌对象仅限于所在省的企业，不能再跨省开展业务活动。区域性股权市场不能开展公开发行活动，其业务规则由区域股权市场制定，并报地方金融监管部门和中国证监会派出机构备案。挂牌企业在区域性股权市场转让证券的，不得采取集中竞价、连续竞价、做市商等集中交易方式，只能采取协议转让方式，但在全国股转系统挂牌的企业，可以根据规定采取协议转让或集中竞价、连续竞价、做市商等集中交易方式。

13. 区域性股权市场的主管机关是中国证监会吗？

根据《区域性股权市场监督管理试行办法》的规定，省级人民政府依法对区域性股权市场进行监督管理，负责风险处置。省级人民政府指定地方金融监管部门承担对区域性股权市场的日常监督管理职责，负责查处违法违规行为，组织开展风险防范、处置工作。区域性股权市场的主管机关应为各省省级人民政府及其金融监管部门，不是中国证监会。但中国证监会及其派出机构有权对地方金融监管部门的区域性股权市场监督管理机构进行指导、协调和监督，对市场规范运作情况进行监督检查，对市场风险进行预警提示和处置督导。区域性股权市场运营机构、办理登记结算业务的机构制定的业务操作细则和自律管理规则，须报地方金融监管部门和中国证监会派出机构备案。

14. 区域性股权市场的运营机构是什么？职责是什么？

区域性股权市场的运营机构是指各地设立的运营区域性股权市场的组织，一般是以有限责任公司形式或股份有限公司形式出现的，以河南省的中原股权交易中心为例，其运营机构为中原股权交易中心股份有限公司，其股东分别为中原证券股份有限公司、郑州市郑东新区建设开发投资总公司、河南投资集团有限公司、河南日报报业集团有限公司、河南省生产力促进中心、南阳投资集团有限公司、洛阳创业投资有限公司、周口市投资集团有限公司、许昌市投资总公司、焦作市投资集团有限公司、中国平煤神马能源化工集团有限责任公司、河南安企创业投资基金管理有限公司、平顶山市财信投资有限责任公司、漯河市发展投资控股有限公司、河南魏都置业有限公司、天明城乡建设开发集团有限公司等单位及个人股东，中原股权交易中心由以上单位及个人股东发起投资设立。

按照《区域性股权市场监督管理试行办法》的规定，成立区域性股权市场的运营机构需要具备下列条件：

（1）依法设立的法人；

（2）开展业务活动所必需的营业场所、业务设施、营运资金、专业人员；

（3）健全的法人治理结构；

（4）完善的风险管理与内部控制制度；

（5）法律、行政法规和中国证监会规定的其他条件。

《区域性股权市场监督管理试行办法》允许证券公司参股、控股运营机构，因此，很多省市的区域性股权市场都有证券公司参股，证券公司是区域性股权市场组建中较为活跃的机构。

区域性股权市场运营机构的主要职责是负责区域性股权市场的运营工作，按照《区域性股权市场监督管理试行办法》的规定，区域性股权市场的运营机构可以自行或者组织有关中介机构开展以下各种业务活动：

（1）为参与本市场的企业提供改制辅导、管理培训、管理咨询、财务顾问服务；

（2）为证券的非公开发行组织合格投资者进行路演推介或者其他促成投融资需求对接的活动；

（3）为合格投资者提供企业研究报告和尽职调查信息；

（4）为在本市场开户的合格投资者买卖证券提供居间介绍服务；

（5）与商业银行、小额贷款公司等开展业务合作，支持其为参与本市场的企业提供融资服务；

（6）中国证监会规定的其他业务。

15. 区域性股权市场有意义吗？

就区域性股权市场的性质而言，其是我国资本市场中最基础的部分，承担中小微企业股票的非公开发行、转让的功能。按照《区域性股权市场监督管理试行办法》的规定，区域性股权市场应当作为地方人民政府扶持中小微企业政策措施的综合运用平台，为地方人民政府市场化运用贴息、投资等资金扶持中小微企业发展提供服务。因此，区域性股权市场具备证券交易场所融资和交易的基础功能，在区域性股权市场挂牌的企业可以通过该市场寻找投资人，实现融资目的，进而通过完善股权结构及治理结构，扩大企业规模，企业发展壮大后与新三板、证券交易所等证券市场对接。从这个方面来看，区域性股权市场对中小微企业发展具有意义。

但由于在区域性股权市场挂牌的中小微企业多为刚刚创立或规模较小的企业，改制为股份有限公司后，仍面临企业治理结构、主营业务等不稳定的情况。另外，区域性股权市场也是我国证券市场的组成部分，中小微企业在区域性股权市场挂牌期间对企业信息披露等都有规定，并要求按照规定规范运作。挂牌期间信息披露的真实性以及规范运作情况会为企业以后进入新三板挂牌或到证券交易所上市产生障碍。因此，到区域性股权市场挂牌的企业，高度重视信息披露工作和企业的规范运作。

中小微企业到区域性股权市场挂牌可能产生的另一个问题是管理层稳定性问题,即公司的董事会以及高级管理人员能否稳定。中小微企业往往因为规模较小,采取有限责任公司形式时,可以不成立董事会、监事会,只设执行董事、监事等,议事规则比较简便,挂牌时要改制为股份有限公司,按照《公司法》的要求,股份有限公司必须成立董事会、监事会,聘请高级管理人员,建立完善的议事规则。很多中小微企业为了符合规定,会临时拼凑员工担任公司的董事会成员或监事会成员,高级管理人员也可能是临时指定的,这样成立的董事会、监事会甚至高级管理人员难以真正发挥其在股份有限公司治理结构中的作用。董事会、监事会及高级管理人员频繁发生变动,会影响公司治理结构的完善和规范运作,同时也会降低企业决策效率。《首发上市管理办法》《科创板首发注册办法》《创业板首发注册办法》均要求公司首发上市时,主营业务、控制权和管理团队应当稳定,最近3年或2年内主营业务和董事、高级管理人员均没有发生重大(不利)变化。如果在上述期限内发生董事、高级管理人员的重大变化,会给发行上市带来实质性法律障碍,因此,企业在区域性股权市场挂牌时要予以重点关注。

16. 区域性股权市场挂牌有什么要求?

区域性股权市场挂牌条件由各省区域性股权市场制定的规则予以确定,各地规定多有不同,但一般以合法性作为挂牌的核心条件。如《上海股权托管交易中心股份转让系统业务规则》第35条规定,公司申请挂牌,应具备下列条件:

(1)依法设立的股份有限公司且实收资本和净资产符合要求;

(2)业务基本独立,具有持续经营能力;

(3)不存在显著的同业竞争、显失公允的关联交易、额度较大的股东侵占资产等损害投资者利益的行为;

(4)在经营和管理上具备风险控制能力;

(5)治理结构健全,运作规范;

(6)股票的发行、转让合法合规；

(7)注册资本中存在非货币出资的,应设立满 1 个会计年度；

(8)最近 1 个会计年度的财务会计报告未被注册会计师出具保留意见、否定意见或无法表示意见；

(9)最近 12 个月内不存在重大违法违规行为；

(10)上海股权托管交易中心规定的其他条件。

《中原股权交易中心交易板挂牌业务规则》(2019 年修订)规定:公司申请在中原股权交易中心挂牌应符合以下条件:

(1)有符合《公司法》规定的治理结构；

(2)最近 1 个会计年度的财务会计报告无虚假记载；

(3)没有处于持续状态的重大违法行为；

(4)法律、行政法规、中国证监会和中原股权交易中心规定的其他条件。

由于区域性股权市场挂牌服务只面向所在省的中小微企业,且各地规定不同,因此,拟到区域性股权市场挂牌的企业要咨询本省成立的区域性股权市场运营机构。

17. 区域性股权市场能融资吗?

根据《区域性股权市场监督管理试行办法》的规定,企业在区域性股权市场发行股票,应当符合以下条件:

(1)有符合《公司法》规定的治理结构；

(2)最近 1 个会计年度的财务会计报告无虚假记载；

(3)没有处于持续状态的重大违法行为；

(4)法律、行政法规和中国证监会规定的其他条件。

企业在区域性股权市场发行可转换为股票的公司债券,应当符合下列条件:

(1)有符合《公司法》规定的治理结构；

(2)最近 1 个会计年度的财务会计报告无虚假记载；

(3)没有处于持续状态的重大违法行为；

(4)债券募集说明书中有具体的公司债券转换为股票的办法；

(5)本公司已发行的公司债券或者其他债务没有处于持续状态的违约或者迟延支付本息的情形；

(6)法律、行政法规和中国证监会规定的其他条件。

资本市场的主要功能是融资。企业是否要到区域性股权市场挂牌，最主要的是考虑进入区域性股权市场后能否实现融资，且是否有意愿规范企业运营行为，或者其他的战略考虑。如果能够实现上述目的，企业即可聘请推荐机构推荐进入股权市场；如果经评估无法实现上述目的，或者仅是为了享受地方政府的补贴等原因，建议企业慎重考虑到区域性股权市场挂牌。

从上述规定来看，在区域性股权市场挂牌的企业，只要符合规定条件，且投资者对挂牌企业感兴趣，愿意投资，则可以实现融资功能。《区域性股权市场监督管理试行办法》规定，区域性股权市场是为其所在省级行政区域内中小微企业证券非公开发行、转让及相关活动提供设施与服务的场所，企业在区域性股权市场非公开发行股票即是融资的一种形式。但我国区域性股权市场由于成立时间较短，且成立后很多运营机构更多地关注挂牌数量等指标，没有高度重视如何更好地吸引投资者为挂牌企业提供融资服务，进入区域性股权市场的投资者有限，因此，很多区域性股权市场的融资功能还没有得以体现。随着区域性股权市场的发展，如果区域性股权市场能够重视吸引投资者，引导企业规范运作，届时区域性股权市场的融资功能能够得以发挥，真正实现其作为证券市场组成部分的作用。目前来看，多数区域性股权市场在融资功能方面还存在欠缺，企业在区域性股权市场挂牌实现融资还有很大难度。

18. 区域性股权市场的投资者有要求吗？

由于区域性股权市场是最基础的市场，进入该市场的企业均为中小微企业，投资风险较大，因此，中国证监会对进入区域性股权市场的投资者有明确要求。

《区域性股权市场监督管理试行办法》规定,“在区域性股权市场发行证券,应当向合格投资者发行。单只证券持有人数量累计不得超过200人,法律、行政法规另有规定的除外”。这里的合格投资者,是指具有较强风险识别和承受能力,并符合下列条件之一的投资者:

(1)证券公司、期货公司、基金管理公司及其子公司、商业银行、保险公司、信托公司、财务公司等依法经批准设立的金融机构,以及依法备案或者登记的证券公司子公司、期货公司子公司、私募基金管理人;

(2)证券公司资产管理产品、基金管理公司及其子公司产品、期货公司资产管理产品、银行理财产品、保险产品、信托产品等金融机构依法管理的投资性计划;

(3)社会保障基金,企业年金等养老基金,慈善基金等社会公益基金,以及依法备案的私募基金;

(4)依法设立且净资产不低于一定指标的法人或者其他组织;

(5)在一定时期内拥有符合中国证监会规定的金融资产价值不低于人民币50万元,且具有2年以上金融产品投资经历或者2年以上金融行业及相关工作经历的自然人。

19. 区域性股权市场可以公开发行股票吗?

区域性股权市场不可以公开发行股票。

根据《证券法》的规定,公开发行股票,是指有下列情形之一的发行行为:

(1)向不特定对象发行证券;

(2)向特定对象发行证券累计超过200人,但依法实施员工持股计划的员工人数不计算在内;

(3)法律、行政法规规定的其他发行行为。

不特定对象实际上是指各个不特定的投资人,这些投资人通过公开途径获得投资者,如挂牌公司以各种广告方式向社会公开融资信息,寻找投资人。特定对象则是指挂牌公司事前熟悉或法律规定的特定范围内的投资者。

《证券法》规定，非公开发行证券，不得采用广告、公开劝诱和变相公开方式。《区域性股权市场监督管理试行办法》第15条规定："在区域性股权市场发行证券，不得采用广告、公开劝诱等公开或者变相公开方式。通过互联网络、广播电视、报刊等向社会公众发布招股说明书、债券募集说明书、拟转让证券数量和价格等有关证券发行或者转让信息的，属于前款规定的公开或者变相公开方式；但符合下列条件的除外：（一）通过运营机构的信息系统等网络平台向在本市场开户的合格投资者发布证券发行或者转让信息；（二）投资者需凭用户名和密码等身份认证方式登录后才能查看。"

从上述规定来看，区域性股权市场挂牌的企业不允许公开发行股票，但可以按照证券法律法规的规定非公开发行股票。

20. 区域性股权市场挂牌的企业可以直接到其他证券交易市场挂牌上市吗？

区域性股票市场是我国设立的以中小微企业为主要服务对象的柜台交易市场，目前在资本市场制度设计中还没有直接转板到其他板块挂牌上市的规定，在区域性股权市场挂牌的企业不可以直接到其他证券市场挂牌或上市。企业如果符合新三板挂牌条件，须按照全国股转系统的规定，提交申报材料申请到新三板挂牌，全国股转系统按照规则审核；企业如果符合证券交易所主板、科创板或创业板的上市条件，要按照主板、科创板或创业板的要求，在证券服务机构的指导下向中国证监会或证券交易所提交申请材料，经中国证监会审核（或注册）后，可以公开发行股票并到证券交易所上市。我国正在开展区域性股票市场转板到新三板挂牌的研究，但目前并未推出转板的政策，因此不存在区域股权市场直接到其他证券市场挂牌上市的途径。

第三节 全国股转系统

21. 新三板是什么？为什么叫新三板？

新三板是全国股转系统的俗称，全国股转系统是经国务院批准设立的全国性证券交易场所。

新三板的渊源，最早追溯至1990年设立的全国证券交易自动报价系统（STAQ系统）。我国场外交易市场建设源于国有企业改制过程中产生的法人股问题。为解决历史上形成的国有企业法人股的流通问题，经国家体制改革委员会批准，全国证券交易自动报价系统于1990年正式运行。STAQ系统是一个基于计算机网络进行有价证券交易的综合性场外交易市场。系统中心设在北京，连接国内证券交易比较活跃的大中城市，为会员公司提供有价证券的买卖价格信息以及结算等方面的服务。

1993年4月28日，中国人民银行批准由中国证券交易系统有限公司开发设计的NET法人股交易系统投入试运行。NET系统由交易系统、清算交割系统和证券商业务系统组成，系统中心设在北京，利用覆盖全国100多个城市的卫星数据通信网络连接起来，为证券市场提供证券的集中交易及报价、清算、交割、登记、托管、咨询等服务。

由此，我国形成了由上海、深圳两家证券交易所和STAQ、NET两个计算机网络形成的“两所两网”的证券交易市场格局，各地也成立了地方性的股票交易市场。由于此时国内证券市场分别由不同的机构设立，陷入多头管理的局面。1998年，亚洲金融危机爆发，在整顿金融秩序、防范金融风险的形势下，《国务院办公厅转发证监会关于〈清理整顿场外非法股票交易方案〉的通知》中明确将非上市公司股票、股权证交易视为“场外非法股票交易”，予以明令禁止，随后STAQ、NET系统于1999年相继关闭。

“两网”系统停止运行后，原先挂牌的国有企业法人股无法流通，由此引发一系列问题，为解决原 STAQ、NET 系统内存在法人股问题以及主板退市问题，中国证券业协会于 2001 年 6 月发布了《证券公司代办股份转让服务业务试点办法》（已失效），建立了证券公司代为股份转让系统，指定由申银万国等 6 家证券公司代办原“两网”系统挂牌公司的股份转让业务，证券公司代办股份转让系统于 2001 年 7 月 16 日正式开通，从而确立了我国由证券公司代办股份转让业务的场外交易制度。代办股份转让系统，是由证券公司以其自有或租用的业务设施，为非上市公司提供股份转让服务业务。代办股份转让系统规模很小，股票来源基本是原 NET 和 STAQ 系统挂牌的不具备上市条件的公司和从沪深证券交易所退市的公司。这个由证券公司代办“两网”挂牌的国有企业法人股股份转让和退市公司股份转让的系统被称为“三板”。

2006 年年初，《国务院关于印发实施〈国家中长期科学和技术发展规划纲要（2006—2020 年）〉若干配套政策的通知》中明确规定，推进高新技术企业股份转让工作。启动中关村科技园区未上市高新技术企业进入证券公司代办系统进行股份转让试点工作。在总结试点经验的基础上，逐步允许具备条件的国家高新技术产业开发区内未上市高新技术企业进入代办系统进行股份转让。由此拉开了三板市场的扩容探索。2006 年 1 月，明确将北京市中关村科技园区内具备规定资质的公司纳入代办股份转让系统中，实现了三板市场的扩容。自此，中关村科技园区非上市股份有限公司代办股份报价转让成为三板市场的一部分，为了与初期的三板市场区分，该系统被称为“新三板”。新三板的开办致力于“为高科技高成长企业提供投融资平台”，试图为中小企业融资难的问题提供解决方案。

2012 年 8 月 3 日，中国证监会宣布，经国务院批准决定扩大非上市股份公司股份转让试点范围，首批扩大试点除北京中关村科技园区外，新增上海张江高新技术产业开发区、武汉东湖新技术产业开发区、天津滨海高新区，同时证监会按照“总体规划、分步推进、稳妥实施”的原则，设立全国股转系统，逐步将条件比较成熟的园区纳入试点范围，为试点园区的非上市股份公司提供股份报价转让等服务。新三板扩容至上海、天津、武汉后，吸引了一大批券商和中小企业的关注。

2013 年 1 月 16 日，为了更好地促进中小企业的良性发展，经国务院批准，新三板进一步扩容至全国,并设立了全国股转系统以取代证券公司股份代办系统。2013 年 1 月 31 日,中国证监会发布《全国中小企业股份转让系统有限责任公司管理暂行办法》(已被修改),对全国股转系统有限责任公司的职能、组织结构作出规定,标志着新三板进入新阶段。2013 年 2 月 8 日,全国股转系统有限责任公司公布了《全国中小企业股份转让系统业务规则(试行)》(已被修改),明确了企业挂牌的标准,把挂牌企业的标准由高新技术企业大胆扩展至全部企业,随后全国股转系统的一系列规则不断推出,对促进中小企业发展起到了巨大的作用。经多年发展,新三板挂牌数量最多达到 15,000 余家。

22. 全国股转系统和新三板是一样的吗?

全国股转系统与新三板是一样的,新三板是全国股转系统的俗称,从新三板的名称上可以很容易看出全国股转系统在我国多层次资本市场的位置。全国股转系统是新三板市场的正式名称,凡在全国股转系统挂牌的企业即为新三板挂牌。

23. 全国股转系统对企业有什么意义?

全国股转系统是我国场外交易市场建设的重要一环,其服务对象面向中小企业,因此对完善我国资本市场体系,推动中小企业的发展具有十分重要的意义。其意义主要可以概括为:

1. 对我国资本市场建设的意义

新三板是我国多层次资本市场的重要组成部分。新三板扩容至全国后,我国资本市场体系的基础环节得到弥补,国内多层次资本市场建设将最终成形,我国以前“倒金字塔式”的资本市场结构得以扭转，中小企业也可以借助资本市场的平台实现融资，寻找发展机会，同时也为主板和创业板市场源源不断地提供种子企业，这对调整国内企业结构，稳定国内经济具有极为重要的作用。

2. 对挂牌公司的意义

(1)提高挂牌公司的治理水平

《非上市公众公司监督管理办法》及《全国中小企业股份转让系统业务规则(试行)》规定，不再对挂牌企业是否属于高新技术企业以及挂牌公司是否有盈利能力予以要求，但对挂牌企业的治理结构提出了严格的要求。对新三板挂牌企业而言，在中介机构的帮助下，通过外部加力的方式引导那些有意在新三板挂牌的企业更好地接受公司治理结构的调整，为企业的长远发展奠定良好的基础，也为我国经济的良性发展提供动力。

(2)为中小企业股权融资提供平台

中小企业的发展在我国经济发展中占据越来越重要的地位，但长期以来融资难是制约中小企业发展的首要因素。新三板拓宽了我国中小企业的融资渠道，扭转了当前资本市场资源对中小企业配置比例过低的局面，为中小企业提供了更加多元化的投资和融资选择，也为中小企业提供了更为便捷的融资渠道，一定程度上缓解了长期以来困扰我国中小企业的融资难问题。

3. 对投资者的作用和影响

(1)为投资者提供一个巨大的投资平台

新三板要求挂牌企业按照要求披露信息，大量企业进入新三板市场，为社会闲散资金提供了一个巨大的投资平台，企业利用新三板市场公开转让、定向发行股票、债券等取得发展资金，并用于科研投入和企业发展，这必将为投资者带来良好的回报。

(2)督促企业规范运作，降低股权投资风险

进入新三板挂牌的企业，均要按照挂牌业务规则的要求，建立和完善公司治理结构，规范运作，严格按照规定披露影响投资者价值判断的各类重大信息，接受主办券商的督导和全国股转系统有限责任公司的监管，极大降低了投资者因信息不对称而产生的股权投资风险，从而保护投资者的利益。

24.

全国股转系统是证券交易所吗？

《全国中小企业股份转让系统有限责任公司管理暂行办法》明确规定，全国股转系统是经国务院批准设立的全国性证券交易场所，但性质上全国股转系统仍是场外交易市场，不能称为证券交易所。在我国，只有场内交易市场才能叫证券交易所，目前有上海证券交易所、深圳证券交易所和北京证券交易所。

25.

新三板挂牌是怎样的？

新三板挂牌是指企业提交申报材料，经全国股转系统审核通过后，股票在全国股转系统公开转让。超过200个股东的企业还要经中国证监会审核通过后，将企业的股票托管至全国股转系统，并在全国股转系统开展转让活动。新三板挂牌类似于证券交易所的上市工作，只是由于新三板是场外交易市场，因而将其称为新三板挂牌以示区分。

26.

挂牌和上市有什么不同？

我国证券市场分为场外交易市场和场内交易市场。挂牌和上市均是股份有限公司的股票进入国家认可的证券交易场所进行交易的安排，但由于进入的市场的不同，其进入证券交易场所时称呼就不一样，进入场外交易市场称为挂牌，进入场内交易市场称为上市。当然,两种市场在进入时的条件有较大的差异,场内交易市场的要求远高于场外交易市场,在交易规则等方面也有很大的差别。全国股转系统即新三板和区域股权市场均系场外交易市场,到新三板开展股票转让交易的企业称为非上市公众公司,到区域股权市场进行股票转让的企业称为非上市股份有限公司,其股票进入新三板和区域股权市场称为挂牌。而证券交易所系场内市场,到证券交易所进行股票交易的股份有限公司称为上市公司,公司股票进入证券交易所时称为上市。挂牌和上市条件、交易规则等方面的具体区别可以参考本书有关问题的解答。

27. 什么是非上市公众公司?

非上市公众公司区别于在证券交易所上市的公司,其是指股票在全国股转系统挂牌公开转让的公司的统称。由于股票进入全国股转系统公开转让不能称为上市,而其转让、发行股票、债券等行为则面向公众进行,又是公众公司,因此称为非上市公众公司。从名称上可以看出,在全国股转系统挂牌的公司为非上市公众公司,但因为其已经成为可以面向众多社会投资者公开转让和发行的公众公司,所以要受《证券法》规制,并按照中国证监会及相关机构的规定进行信息披露,其行为违反证券法律法规时应受到相应的处罚。

28. 新三板的运营机构是什么?

新三板的运营机构为全国股转系统有限责任公司,其成立于2013年1月16日,其股东为上海证券交易所、深圳证券交易所、中国证券登记结算有限责任公司、中国金融期货交易所股份有限公司、上海期货交易所、大连期货交易所和郑州商品交易所。全国股转系统有限责任公司的职能包括：

（1）建立、维护和完善股票转让相关技术系统和设施；

（2）制定和修改全国股转系统业务规则；

（3）接受并审查股票挂牌及其他相关业务申请，安排符合条件的公司股票挂牌；

（4）组织、监督股票转让及相关活动；

（5）对主办券商等全国股转系统参与人进行监管；

（6）对挂牌公司及其他信息披露义务人进行监管；

（7）管理和公布全国股转系统相关信息；

（8）中国证监会批准的其他职能。

29. 在新三板挂牌的企业采取的分层制度是什么？

全国股转系统设立后，挂牌企业数量最高达到15,000余家，为适应挂牌公司数量多、差异大的特点，2016年新三板探索实施了分层制度，根据一定的标准，将新三板挂牌企业分为基础层和创新层。2019年12月，为进一步完善全国股转系统市场功能，作为深化新三板改革的重要举措之一，新三板增加了精选层，并允许符合条件的企业进入精选层，1年后转板至证券交易所上市交易。至此，新三板挂牌企业分为基础层、创新层和精选层，全国股转系统对三类不同的挂牌企业在挂牌条件、信息披露、交易方式等作出不同规定。新三板新设精选层，主要是为了配合在新三板实施公开发行并转板上市，其定位于承载财务状况良好、市场认可度较高、完成公开发行、具有较强公众化水平的优质企业，匹配与其股权结构相适应的交易和投资者适当性制度，对精选层公司严格监管，为落实转板上市制度储备企业资源；同时也是持续优化基础层、创新层的各项制度安排，提升现有市场层级对企业的规范和培育功能。2021年9月2日，习近平总书记在2021年中国国际服务贸易交易会开幕致辞时宣布新设立北京证券交易所，该证券交易所新增上市公司来源于在新三板挂牌满十二个月的创新层公司，原有进入精选层的公司全部进入北京证券交易所,由非上市公众公司变更为上市公司。北京证券交易所成立后,新三板将不再有精选层挂牌企业,新三板分层中将只有基础层和创新层。

30. 新三板挂牌能够融资吗?

在全国股转系统挂牌的企业,已经成为非上市公众公司。按照《非上市公众公司监督管理办法》的规定,在全国股转系统挂牌的企业不仅可以公开转让,而且可以向特定对象非公开发行,符合规定条件的企业还可以向不特定对象公开发行。因此,新三板挂牌企业融资是没有问题的。但由于新三板刚扩容至全国时,大批非理性的投资者进入新三板,导致后来因新三板挂牌公司股价大幅下跌致使投资者损失惨重,很多投资者退出了新三板市场,造成后来的新三板挂牌企业融资产生困难,流动性也出现问题。目前新三板正在进行改革,目的是通过改革提高挂牌公司质量,吸引投资者进入,解决新三板流动性问题,以更好地促进新三板市场的健康发展,尤其是此次北京证券交易所成立后,原来在新三板挂牌进入精选层的企业,自动转化为北京证券交易所的上市公司,全国股转系统的创新层挂牌公司也可申请在北京证券交易所发行上市,这一重大利好也会更好地促进创新型中小企业的良性发展,也有利于新三板市场进一步深化改革。自 2020 年以来,新三板挂牌公司每天股票交易量基本维持在 5 亿元以上,根据全国股转系统公布的《2021 年 1 月挂牌公司股票定向发行相关情况》统计数据,2021 年 1 月新三板定向发行的融资额达 16.89 亿元,也说明新三板挂牌企业对投资者还是具有吸引力的。

31. 新三板挂牌企业能够公开发行股票吗？

新三板挂牌企业可以公开发行股票，但需要符合规定的条件。

《非上市公众公司监督管理办法》第6章“向不特定合格投资者公开发行”，规定了在全国股转系统挂牌的企业公开发行的条件、程序、发行时应提交审核及审核时应提交的申请文件、保荐人的聘请、承销、定价等事宜。关于新三板挂牌公司公开发行的发行条件可以参见本书第4章相关问题的解答。在全国股转系统挂牌的企业公开发行时，应聘请保荐人和律师、会计师等证券服务机构，对企业进行尽职调查，协助企业按照中国证监会有关规定制作公开发行的申请文件，并向中国证监会提交。申请文件应当包括但不限于：公开发行说明书、律师事务所出具的法律意见书、符合《证券法》规定的会计师事务所出具的审计报告、保荐人出具的股票发行保荐书、全国股转系统的自律监管意见。保荐人还应负责公开发行股票的挂牌企业的持续督导工作，持续督导期间为公开发行完成后当年剩余时间及其后两个完整会计年度。中国证监会核准挂牌企业公开发行后，挂牌公司还应聘请具有证券承销业务资格的证券公司承销。在全国股转系统的挂牌公司及其股东、实际控制人应按规定配合证券公司、证券服务机构尽职调查、持续督导等工作，并接受中国证监会的监管。

32. 新三板挂牌企业能够直接到证券交易所上市吗？

全国中小企业转让系统成立时，《国务院关于全国中小企业股份转让系统有关问题的决定》（国发〔2013〕49号）明确规定，在全国股份转让系统挂牌的公司，达到股票上市条件的，可以直接向证券交易所申请上市交易。但实际上在成立后的很长时间内,全国股转系统并未建立到证券交易所申请上市交易的转板机制。2019 年 12 月,新三板增加了精选层,并允许挂牌企业在符合规定条件进入精选层 1 年后申请转板至证券交易所上市。至此,新三板挂牌企业到证券交易所上市的转板机制正式形成,新三板挂牌进入精选层的企业可以直接向证券交易所申请转板。

2021 年 9 月 2 日新设立的北京证券交易所,是对新三板改革的进一步深化,北京证券交易所设立后,将平移原来的精选层挂牌公司到北京证券交易所成为上市公司,北京证券交易所上市公司以后由创新层公司产生,维持新三板基础层、创新层和北京证券交易所"层层递进"的市场结构,新三板挂牌企业在创新层挂牌一年后,符合规定的条件,可以申请进入北京证券交易所上市交易,新三板精选层将不再存在。从此次的制度设计上,未来北京证券交易所与上海证券交易所、深圳证券交易所将错位发展,一部分在北京证券交易所上市的上市公司可以转到上海证券交易所或深圳证券交易所上市交易,但目前还要等到进一步的制度安排。

第四节 证券交易所

33. IPO 是什么意思? 企业首次公开发行股票是怎么回事?

IPO 是英文 Initial Public Offerings 的英文简写,中文意思为首次公开发行股票,指的是一家公司第一次将它的股份向社会投资者出售。有限责任公司具备人合与资合的性质,我国《公司法》规定,有限责任公司股东不超过 50 人,其股票不能对社会投资者发行。股份有限公司系资合性质的企业,其股东人数不受限制,因此首次公开发行股票的企业仅限于股份有限公司。

我国《证券法》第 9 条规定,"公开发行证券,必须符合法律、行政法规规定的条件,并依法报经国务院证券监督管理机构或者国务院授权的部门注册。未经依法注册,任何单位和个人不得公开发行证券。证券发行注册制的具体范围、实施步骤,由国务院规定。有下列情形之一的,为公开发行:(一)向不特定对象发行证券;(二)向特定对象发行证券累计超过二百人,但依法实施员工持股计划的员工人数不计算在内;(三)法律、行政法规规定的其他发行行为。非公开发行证券,不得采用广告、公开劝诱和变相公开方式"。

从以上规定可以看出,国家对公开发行股票有严格的规定,主要原因是公开发行股票涉及国家的金融秩序,如果不加约束,会导致金融失序,破坏经济秩序。我国曾在改革开放初期的20世纪80年代,在国家未进行监管的情况下,出现企业自行公开发行股票的情况,这一情况产生了大量的社会问题,当时证券交易场所设立的部分原因也是解决这段时间产生的金融问题。

首次公开发行股票是指股份有限公司在符合国家法律、行政法规规定的条件时,依法报经国务院证券监督管理机构核准或者国务院授权的部门注册,向社会公众公开发行股票的行为。资本市场中常常提到的企业上市,实际上包括首次公开发行股票和到证券交易所上市两个阶段。

34. 证券交易所上市是怎样的?

证券交易所上市是指已经经中国证监会核准在主板公开发行股票,或经证券交易所审核并取得中国证监会注册决定后,在科创板、创业板公开发行股票,安排公司股票在证券交易所交易的行为。我国证券交易所有上海证券交易所、深圳证券交易所和北京证券交易所,这几个证券市场又分为主板、科创板、创业板等不同的上市板块。在主板首次公开发行股票目前仍是由中国证监会审核,随着注册制的推出,企业上市审核逐步转由证券交易所负责,并报中国证监会注册,然后公开发行股票,发行完成后,企业即可根据自己选择的板块申请在证券交易所上市交易,这一阶段是上市阶段。无论是主板,还是科创板、创业板,上市的审核实质上是由证券交易所完成的,由于首次公开发行股票的审核与上市审核具有高度的统一性和连续性,所以实践中非专业人士不怎么划分,一律称为上市。企业在整个上市过程中，应聘请证券公司、律师事务所、会计师事务所等证券服务机构提供专业的上市服务，发行及上市工作均由证券服务机构协助完成，企业不需要严格区分发行与上市，只需要配合证券服务机构做好相关的工作即可。

35. 上海证券交易所、深圳证券交易所和北京证券交易所一样吗？

上海证券交易所、深圳证券交易所和北京证券交易所在性质上都是场内交易市场，是经国务院批准设立的正规的证券交易市场，因此，从这个角度来看，三个证券交易所是一样的。但根据我国证券市场的发展及经济改革的需要，三个证券交易所存在一些板块上的差异，如上海证券交易所现在的上市板块有主板、B 股、科创板，深圳证券交易所的上市板块有主板、中小板、创业板等，北京证券交易所上市板块按照目前的制度设计类似于创业板市场。2021 年年初，经中国证监会批准，深圳证券交易所的主板和中小板合并，目前深圳证券交易所的板块有主板和创业板。企业如果进入主板上市，在首次公开发行股票后，可以自由选择在上海证券交易所或者深圳证券交易所上市，而选择到科创板或创业板上市的企业，由于发行上市条件存在较大的差异，因此，企业在首次公开发行后一般不能自由地选择上市板块，应按照事先选定的板块向相应的证券交易所申请首发上市。北京证券交易所则只接受在全国股转系统挂牌的创新层挂牌公司申请发行上市。

36. 上海证券交易所有哪些上市板块？

上海证券交易所目前的上市板块有主板、科创板、B 股。1991 年，随着上海证券交易所的成立，当时境内上市板块只有主板，即 A 股，是最早的上市板块。之后一部分外资股在上海证券交易所上市，这一板块称为 B 股，但不面向境内企业。上海证券交易所的科创板设立于 2019 年年初，推出时间最短，但科创板设立时采取注册制。这些板块在首发上市的发行上市条件方面有不同的规定，面向的企业规模、属性也有较大的差异。主板主要面向一些规模较大、业务较为稳定的企业；科创板则面向世界科技前沿的领域，面向经济主战场的领域，面向国家重大需求的领域，主要服务于符合国家战略、突破关键核心技术、市场认可度高的科技创新企业，重点支持新一代信息技术、高端装备、新材料、新能源、节能环保以及生物医药等高新技术产业和战略性新兴产业，推动互联网、大数据、云计算、人工智能和制造业深度融合，引领中高端消费，推动质量变革、效率变革、动力变革的企业，具有明确的科创属性及定位。

37. 科创板企业只能在上海证券交易所上市吗？

科创板企业只能在上海证券交易所上市。科创板的设立是为了促进我国战略性新兴产业发展，并推动注册制落地于上海证券交易所。科创板的推出，大大推动了我国注册制改革的进度，也为支持新一代信息技术、高端装备、新材料、新能源、节能环保以及生物医药等高新技术产业和战略性新兴产业，推动互联网、大数据、云计算、人工智能和制造业深度融合提供了重大机遇。

38. 上海证券交易所上市板块都实行注册制吗？

我国注册制改革还没有覆盖所有上市板块。上海证券交易所的上市板块有主板、科创板和 B 股，主板、B 股目前实行核准制，还没有实行注册制，在上海证券交易所主板上市的企业在首次公开发行股票时要提交中国证监会进行审核。科创板目前已经实行注册制，其首次公开发行股票时由上海证券交易所审核，但在证券交易所审核通过后，还要提交中国证监会履行注册程序。

2020 年 10 月，现任中国证监会主席易会满主席受国务院委托向全国人民代表大会常务委员会报告股票发行注册制改革有关工作情况时提出，“稳步推进主板（中小板）、新三板注册制改革。充分考虑主板（中小板）特点，设计好注册制实施方案。按照注册制的要求，改进新三板公开发行及转让制度”。主板注册制改革的步伐也在不断向前推进，预计不久后也会看到注册制在主板落地。

39. 上海证券交易所有创业板吗？

创业板是深圳证券交易所面向科技型企业服务的上市板块，上海证券交易所没有创业板板块。

40. 深圳证券交易所上市板块有哪些？

深圳证券交易所目前的上市板块有主板、创业板。深圳证券交易所于 1991 年成立时只有主板，2004 年为了满足中小型企业上市的要求，中国证监会批准深圳证券交易所设立中小企业板，后来简称为中小板。2021 年 2 月，经国务院同意，中国证监会正式批复深圳证券交易所合并主板与中小板，这是全面深化资本市场改革的一项重要举措。作为我国多层次资本市场体系的重要组成部分，深圳证券交易所主板和中小板在扩大直接融资、服务实体经济、支持中小企业发展等方面发挥了积极作用。截至 2021 年 1 月底，深圳证券交易所主板、中小板上市公司合计 1468 家，占 A 股上市公司总数的 35%，总市值 23.39 万亿元，占全市场的29%。但深圳证券交易所主板和中小板在发展中也暴露出一些问题，如板块同质化、主板结构长期固化等。因此，合并深圳证券交易所主板与中小板是坚持问题导向的改革之举，有利于优化深圳证券交易所板块结构，形成主板与创业板各有侧重、相互补充的发展格局，更好地满足不同发展阶段企业的融资需求，增强深圳证券交易所的服务功能。

创业板设立于2009年。创业板设立后，和深圳证券交易所的主板一样，首次公开发行股票并到创业板上市的企业实行核准制，发行审核由中国证监会负责。《创业板首发注册办法》规定，创业板的审核制度由核准制变更为注册制，在发行上市条件上也作出较大的调整。深圳证券交易所的几个板块在首发上市的条件方面有不同的规定，对企业的规模、属性要求也有所差异。和上海证券交易所一样，主板主要面向一些规模较大、业务较为稳定的企业。创业板则是面对那些深入贯彻创新驱动发展战略的企业，适应发展更多依靠创新、创造、创意的大趋势，主要服务于成长型创新创业企业，支持传统产业与新技术、新产业、新业态、新模式深度融合的企业。企业选择上市板块时要结合自身的条件，并对照证监会规定的发行上市条件选择不同的板块上市。

41. 深圳证券交易所都实行注册制吗?

2020年2月，经国务院同意及中国证监会批准，深圳证券交易所主板和中小板合并，深圳证券交易所面向境内企业的上市板块有主板和创业板。深圳证券交易所的主板实行核准制，还没有实行注册制。2020年4月，中央全面深化改革委员会第十三次会议审议通过了《创业板改革并试点注册制总体实施方案》，中国证监会于同日公布《创业板首发注册办法》等主要制度规则向社会公开征求意见，并于2020年6月将《创业板首发注册办法》等有关创业板注册制有关的制度规则及配套规范性文件正式发布实施。深圳证券交易所创业板板块发行制度由核准制变更为注册制，在发行和上市规则方面与核准制相比，也发生了很大的变化。

42. 北京证券交易所是怎么回事?

2021 年 9 月 2 日,习近平总书记在 2021 年中国国际服务贸易交易会开幕致辞时宣布新设立北京证券交易所。设立北京证券交易所是我国新三板改革的重要步骤。新三板成立以来,因为各方面原因,其发展遇到了很多困难,党中央、国务院高度重视中小企业创新发展和新三板改革,中央经济工作会议、"十四五"规划纲要和前不久召开的中央政治局会议都对发展专精特新中小企业、深化新三板改革作出重要部署。服贸会上,习近平总书记明确提出,将继续支持中小企业创新发展,深化新三板改革,设立北京证券交易所,打造服务创新型中小企业主阵地。设立北京证券交易所,是实施国家创新驱动发展战略、持续培育发展新动能的重要举措,也是深化金融供给侧结构性改革、完善多层次资本市场体系的重要内容,对于更好发挥资本市场功能作用、促进科技与资本融合、支持中小企业创新发展具有重要意义。

根据中国证监会的相关安排,建设北京证券交易所的主要思路是严格遵循《证券法》,按照分步实施、循序渐进的原则,总体平移精选层各项基础制度,坚持北京证券交易所上市公司由创新层公司产生,维持新三板基础层、创新层与北京证券交易所"层层递进"的市场结构,同步试点证券发行注册制。在实施过程中,将重点把握好以下原则:

坚守"一个定位"。北京证券交易所牢牢坚持服务创新型中小企业的市场定位,尊重创新型中小企业发展规律和成长阶段,提升制度包容性和精准性。

处理好"两个关系"。一是北京证券交易所与沪深交易所、区域性股权市场坚持错位发展与互联互通,发挥好转板上市功能。二是北京证券交易所与新三板现有创新层、基础层坚持统筹协调与制度联动,维护市场结构平衡。

实现"三个目标"。一是构建一套契合创新型中小企业特点的涵盖发行上市、交易、退市、持续监管、投资者适当性管理等基础制度安排,补足多层次资本市场发展普惠金融的短板。二是畅通北京证券交易所在多层次资本市场的纽带作用，形成相互补充、相互促进的中小企业直接融资成长路径。三是培育一批专精特新中小企业，形成创新创业热情高涨、合格投资者踊跃参与、中介机构归位尽责的良性市场生态。

北京证券交易所和上海证券交易所、深圳证券交易所一样，是我国设立的正规证券交易场所，一样肩负着推动我国企业健康发展的使命。北京证券交易所与全国股转系统的创新层对接，主要服务创新型中小企业，重点支持先进制造业和现代服务业等领域的企业，推动传统产业转型升级，培育经济发展新动能，促进经济高质量发展。

43. 北京证券交易所有哪些板块？ 在制度设计上与上海证券交易所和深圳证券交易所有什么不同？

目前北京证券交易所只有一个板块，该板块对接全国股转系统的创新层企业，发行人应当为在全国股转系统连续挂牌满 12 个月的创新层挂牌公司。

根据中国证监会发布的《北京证券交易所向不特定合格投资者公开发行股票注册管理办法（试行）》《北京证券交易所上市公司证券发行注册管理办法（试行）》《北京证券交易所上市公司持续监管办法（试行）》，以及修订的《证券交易所管理办法》，北京证券交易所在发行融资、持续监管、交易所治理等基础制度体系方面，具有以下特点：

一是构建包容、精准的发行上市制度。北京证券交易所新增上市公司来源于在新三板挂牌满 12 个月的创新层公司，维持“层层递进”的市场格局。贯彻新发展理念，突出专精特新中小企业特点，明确简便、包容、精准的发行条件，建立多元、灵活、充分博弈的承销机制，聚焦服务实体经济，大力支持科技创新。试点证券公开发行注册制，建立北京证券交易所审核与证监会注册各有侧重、相互衔接的审核注册流程，各项安排与科创板、创业板总体保持一致。

二是实行灵活、多元的持续融资制度。紧紧围绕创新型中小企业需求，总结精选层建设的实践经验，进一步夯实“小额、快速、灵活、多元”的再融资制度。

在融资品种上，形成普通股、优先股、可转债等较为丰富的权益融资工具，进一步贴合中小企业实际需要。在发行方式上，实行向不特定合格投资者公开发行、向特定对象发行等多元的融资方式，引入授权发行、储架发行、自办发行等灵活的发行机制，进一步降低中小企业融资成本。在定价机制上，坚持市场化导向，促进新老股东充分博弈，"以竞价为原则，以定价为例外"，对发行价格、规模等不作行政干预，强化投资者权益保护，进一步提高定价效率、规范发行秩序。

三是建立宽严适度的持续监管制度。严格遵循上市公司监管法律框架，构建契合中小企业特点的持续监管制度。北京证券交易所延续精选层贴合中小企业实际的市场特色，在公司治理、股权激励、股份减持等方面形成差异化的制度安排，平衡中小企业规范成本。同时，北京证券交易所可以在中国证监会的授权下，根据市场实际情况制定自律规则，提高各项制度的针对性和适应性，尊重公司自治，促进形成市场约束，建设各方职责清晰、运行高效有序的治理体系。

四是明确公司制交易所监管安排。北京证券交易所实行公司制，遵循《证券法》《公司法》的基本要求，建立股东会、董事会、总经理和监事会运行机制，形成高效透明的公司治理结构。加强对交易所的监管，落实交易所的主体责任，完善业务规则制定修改程序、交易所主要人员管理等制度，把握好市场建设方向，促进交易所自律管理职能得到有效发挥。

综合上述内容，北京证券交易所与上海证券交易所、深圳证券交易所在制度设计上存在的最大区别在于：

(1)北京证券交易所和上海证券交易所、深圳证券交易所的组织形式不同。北京证券交易所实行公司制，上海证券交易所和深圳证券交易所实行会员制。在公司章程、组织架构、管理模式等方面会有较大的不同。

(2)上市公司来源不同。北京证券交易所的上市公司将来自于全国股转系统的创新层挂牌公司，在发行条件等方面总体平移了原来全国股转系统精选层发行条件以及有关盈利能力、成长性、市场认可度、研发能力等方面的上市条件。上海证券交易所和深圳证券交易所与全国股转系统的挂牌公司没有直接的联系。

(3)规则会有较大的差异。北京证券交易所成立后，将实行灵活、多元的持续融资制度，可能探索授权发行、储架发行、自办发行等灵活的发行机制。上海证券交易所、深圳证券交易所也一直在探索新的规则，但北京证券交易所上市公司设计的特殊性决定着其在新的规则和制度探索中具备更强的优势。

44. 北京证券交易所发行上市实行注册制吗?

根据中国证监会发布的《北京证券交易所向不特定合格投资者公开发行股票注册管理办法(试行)》的规定,北京证券交易所的发行上市全面实行注册制。北京证券交易所设立独立的审核部门,负责审核发行人公开发行并上市申请;设立上市委员会,负责对审核部门出具的审核报告和发行人的申请文件提出审议意见。北京证券交易所审核后,向中国证监会报送审核意见、发行人注册申请文件及相关审核资料后,履行发行注册程序。

45. 上海证券交易所、深圳证券交易所和北京证券交易所是否存在分工?

目前,选择在主板上市的企业,可以自主选择到上海证券交易所或者深圳证券交易所上市,不受企业规模大小的限制,两个证券交易所不存在明确分工。

2014 年 3 月,证监会首次明确,“首发企业可以根据自身意愿,在沪深市场之间自主选择上市地,不与企业公开发行股数多少挂钩。中国证监会审核部门将按照沪深交易所均衡的原则开展首发审核工作”。2014 年 4 月,证监会又进一步明确,“为充分发挥沪、深两家交易所的服务功能,中国证监会将按照均衡安排沪、深交易所首发企业家数的原则,结合企业申报材料的完备情况,对具备条件进入后续审核环节的企业按受理顺序顺次安排审核进程”。根据《首发上市管理办法》《上海证券交易所股票上市规则》的规定,主板(中小板)对净利润和股本规模的要求为最近 3 年净利润均为正数且累计超过 3000 万元,发行后股本≥5000万股(通常情况下,发行前股本≥3750万股,公开发行股份≥1250万股)。允许企业自主选择上市地,是尊重企业自主选择上市地的体现,符合市场化和法治化原则,有利于沪深交易所提高服务效率与能力。目前,随着市场进一步稳定,沪深均衡发行得到较好执行,沪深两个交易所企业数量大致相当。

选择到科创板或创业板上市的企业,由于两个板块的定位不同,虽然中国证监会没有对两个证券交易所进行分工,但实质上应该还是有所区别的。

根据《科创板首发注册办法》,在科创板上市的企业,其面向世界科技前沿的领域,面向经济主战场的领域,面向国家重大需求的领域。优先支持符合国家战略,拥有关键核心技术,科技创新能力突出,主要依靠核心技术开展生产经营,具有稳定的商业模式,市场认可度高,社会形象良好,具有较强成长性的企业。

《创业板首发注册办法》明确创业板定位于深入贯彻创新驱动发展战略,适应发展更多依靠创新、创造、创意的大趋势的成长型创新创业企业,支持传统产业与新技术、新产业、新业态、新模式深度融合。

从上述规定来看,科创板和创业板有着不同的定位,因此,企业选择是到科创板还是到创业板上市时,应结合企业的实际情况,并对照科创板和创业板关于企业定位的相关规定,提前确定到哪个板块上市,否则可能会因企业定位错误错失上市良机。

北京证券交易所主要服务创新型中小企业,重点支持先进制造业和现代服务业等领域的企业,推动传统产业转型升级,培育经济发展新动能,促进经济高质量发展,在北京证券交易所上市的公司限于在全国股转系统连续挂牌满12个月的创新层挂牌公司,在制度安排上严格遵循《证券法》,按照分步实施、循序渐进的原则,总体平移全国股转系统精选层的各项基础制度,维持新三板基础层、创新层与北京证券交易所"层层递进"的市场结构,同步试点证券发行注册制。目前在上市的设计方面,与上海证券交易所和深圳证券交易所没有明确的分工,但北京证券交易所的上市公司主要来源于全国股转系统的挂牌公司,其在融资规模、交易安排、发行机制等方面会探索不同的制度,有望与其他两大证券交易所形成优势互补、相互促进的局面。

46. 面对多种上市板块，企业该作何选择？

境内上市有上海证券交易所、深圳证券交易所和北京证券交易所，上海证券交易所有主板和科创板板块，深圳证券交易所有主板和创业板板块。很多想上市的企业，不知如何选择上市板块。这里简要介绍选择上市板块需考虑的两个因素：

1. 各板块规定的发行条件。上海证券交易所和深圳证券交易所主板的发行条件一样，其主要规定在《首发上市管理办法》中。科创板的发行条件规定在《科创板首发注册办法》中，创业板的发行条件规定在《创业板首发注册办法》中，北京证券交易所的发行条件规定在中国证监会发布的《北京证券交易所向不特定合格投资者公开发行股票注册管理办法（试行）》中。表2－1是几个板块发行条件的对比，拟上市的企业可对照确定自己的企业是否符合发行条件。

表2－1 主板、科创板、创业板和北京证券交易所发行条件对比

对比项	主板发行条件	科创板发行条件	创业板发行条件	北京证券交易所发行条件
发行主体	第8条 发行人应当是依法设立且合法存续的股份有限公司。 经国务院批准，有限责任公司在依法变更为股份有限公司时，可以采取募集设立方式公开发行股票	第10条 发行人是依法设立且持续经营3年以上的股份有限公司，具备健全且运行良好的组织机构，相关机构和人员能够依法履行职责。 有限责任公司按原账面净资产值折股整体变更为股份有限公司的，持续经营时间可以从有限责任公司成立之日起计算	第10条 发行人是依法设立且持续经营三年以上的股份有限公司，具备健全且运行良好的组织机构，相关机构和人员能够依法履行职责。 有限责任公司按原账面净资产值折股整体变更为股份有限公司的，持续经营时间可以从有限责任公司成立之日起计算	第9条 发行人应当为在全国股转系统连续挂牌满12个月的创新层挂牌公司
持续经营时间	第9条 发行人自股份有限公司成立后，持续经营时间应当在3年以上，但经国务院批准的除外。 有限责任公司按原账面净资产值折股整体变更为股份有限公司的，持续经营时间可以从有限责任公司成立之日起计算			

续表

对比项	主板发行条件	科创板发行条件	创业板发行条件	北京证券交易所发行条件
注册资本缴纳	第10条　发行人的注册资本已足额缴纳,发起人或者股东用作出资的资产的财产权转移手续已办理完毕,发行人的主要资产不存在重大权属纠纷			
生产经营符合产业政策	第11条　发行人的生产经营符合法律、行政法规和公司章程的规定,符合国家产业政策	第13条　发行人生产经营符合法律、行政法规的规定,符合国家产业政策	第13条　发行人生产经营符合法律、行政法规的规定,符合国家产业政策	第10条　发行人申请公开发行股票,应当符合下列规定: …… (四)依法规范经营
重大变化	第12条　发行人最近3年内主营业务和董事、高级管理人员没有发生重大变化,实际控制人没有发生变更	第12条　发行人业务完整,具有直接面向市场独立持续经营的能力: …… (二)发行人主营业务、控制权、管理团队和核心技术人员稳定,最近2年内主营业务和董事、高级管理人员及核心技术人员均没有发生重大不利变化;控股股东和受控股股东、实际控制人支配的股东所持发行人的股份权属清晰,最近2年实际控制人没有发生变更,不存在导致控制权可能变更的重大权属纠纷……	第12条　发行人业务完整,具有直接面向市场独立持续经营的能力: …… (二)主营业务、控制权和管理团队稳定,最近二年内主营业务和董事、高级管理人员均没有发生重大不利变化;控股股东和受控股股东、实际控制人支配的股东所持发行人的股份权属清晰,最近二年实际控制人没有发生变更,不存在导致控制权可能变更的重大权属纠纷……	
股权清晰	第13条　发行人的股权清晰,控股股东和受控股股东、实际控制人支配的股东持有的发行人股份不存在重大权属纠纷			

续表

对比项	主板发行条件	科创板发行条件	创业板发行条件	北京证券交易所发行条件
组织结构	第 14 条　发行人已经依法建立健全股东大会、董事会、监事会、独立董事、董事会秘书制度,相关机构和人员能够依法履行职责			第 10 条　发行人申请公开发行股票,应当符合下列规定: (一)具备健全且运行良好的组织机构;……
董事、监事和高级管理人员了解上市规则	第 15 条　发行人的董事、监事和高级管理人员已经了解与股票发行上市有关的法律法规,知悉上市公司及其董事、监事和高级管理人员的法定义务和责任			

续表

对比项	主板发行条件	科创板发行条件	创业板发行条件	北京证券交易所发行条件
重大违法违规情况	第16条 发行人的董事、监事和高级管理人员符合法律、行政法规和规章规定的任职资格,且不得有下列情形: (一)被中国证监会采取证券市场禁入措施尚在禁入期的; (二)最近36个月内受到中国证监会行政处罚,或者最近12个月内受到证券交易所公开谴责; (三)因涉嫌犯罪被司法机关立案侦查或者涉嫌违法违规被中国证监会立案调查,尚未有明确结论意见	第13条 发行人生产经营符合法律、行政法规的规定,符合国家产业政策。 最近3年内,发行人及其控股股东、实际控制人不存在贪污、贿赂、侵占财产、挪用财产或者破坏社会主义市场经济秩序的刑事犯罪,不存在欺诈发行、重大信息披露违法或者其他涉及国家安全、公共安全、生态安全、生产安全、公众健康安全等领域的重大违法行为。 董事、监事和高级管理人员不存在最近3年内受到中国证监会行政处罚,或者因涉嫌犯罪被司法机关立案侦查或者涉嫌违法违规被中国证监会立案调查,尚未有明确结论意见等情形	第13条 发行人生产经营符合法律、行政法规的规定,符合国家产业政策。 最近三年内,发行人及其控股股东、实际控制人不存在贪污、贿赂、侵占财产、挪用财产或者破坏社会主义市场经济秩序的刑事犯罪,不存在欺诈发行、重大信息披露违法或者其他涉及国家安全、公共安全、生态安全、生产安全、公众健康安全等领域的重大违法行为。 董事、监事和高级管理人员不存在最近三年内受到中国证监会行政处罚,或者因涉嫌犯罪正在被司法机关立案侦查或者涉嫌违法违规正在被中国证监会立案调查且尚未有明确结论意见等情形	

续表

对比项	主板发行条件	科创板发行条件	创业板发行条件	北京证券交易所发行条件
重大违法违规情况	第 18 条　发行人不得有下列情形： (一)最近 36 个月内未经法定机关核准，擅自公开或者变相公开发行过证券；或者有关违法行为虽然发生在 36 个月前，但目前仍处于持续状态； (二)最近 36 个月内违反工商、税收、土地、环保、海关以及其他法律、行政法规，受到行政处罚，且情节严重； (三)最近 36 个月内曾向中国证监会提出发行申请，但报送的发行申请文件有虚假记载、误导性陈述或重大遗漏；或者不符合发行条件以欺骗手段骗取发行核准；或者以不正当手段干扰中国证监会及其发行审核委员会审核工作；或者伪造、变造发行人或其董事、监事、高级管理人员的签字、盖章； (四)本次报送的发行申请文件有虚假记载、误导性陈述或者重大遗漏； (五)涉嫌犯罪被司法机关立案侦查，尚未有明确结论意见； (六)严重损害投资者合法权益和社会公共利益的其他情形	第 13 条　发行人生产经营符合法律、行政法规的规定，符合国家产业政策。 最近 3 年内，发行人及其控股股东、实际控制人不存在贪污、贿赂、侵占财产、挪用财产或者破坏社会主义市场经济秩序的刑事犯罪，不存在欺诈发行、重大信息披露违法或者其他涉及国家安全、公共安全、生态安全、生产安全、公众健康安全等领域的重大违法行为。 董事、监事和高级管理人员不存在最近 3 年内受到中国证监会行政处罚，或者因涉嫌犯罪被司法机关立案侦查或者涉嫌违法违规被中国证监会立案调查，尚未有明确结论意见等情形	第 13 条　发行人生产经营符合法律、行政法规的规定，符合国家产业政策。 最近三年内，发行人及其控股股东、实际控制人不存在贪污、贿赂、侵占财产、挪用财产或者破坏社会主义市场经济秩序的刑事犯罪，不存在欺诈发行、重大信息披露违法或者其他涉及国家安全、公共安全、生态安全、生产安全、公众健康安全等领域的重大违法行为。 董事、监事和高级管理人员不存在最近三年内受到中国证监会行政处罚，或者因涉嫌犯罪正在被司法机关立案侦查或者涉嫌违法违规正在被中国证监会立案调查且尚未有明确结论意见等情形	第 11 条　发行人及其控股股东、实际控制人存在下列情形之一的，发行人不得公开发行股票： (一)最近三年内存在贪污、贿赂、侵占财产、挪用财产或者破坏社会主义市场经济秩序的刑事犯罪； (二)最近三年内存在欺诈发行、重大信息披露违法或者其他涉及国家安全、公共安全、生态安全、生产安全、公众健康安全等领域的重大违法行为； (三)最近一年内受到中国证监会行政处罚

续表

对比项	主板发行条件	科创板发行条件	创业板发行条件	北京证券交易所发行条件
内部控制制度	第 17 条 发行人的内部控制制度健全且被有效执行,能够合理保证财务报告的可靠性、生产经营的合法性、营运的效率与效果			
担保情况	第 19 条 发行人的公司章程中已明确对外担保的审批权限和审议程序,不存在为控股股东、实际控制人及其控制的其他企业进行违规担保的情形			
资金管理情况	第 20 条 发行人有严格的资金管理制度,不得有资金被控股股东、实际控制人及其控制的其他企业以借款、代偿债务、代垫款项或者其他方式占用的情形			
资产质量	第 21 条 发行人资产质量良好,资产负债结构合理,盈利能力较强,现金流量正常			

续表

<table>
<tr><th>对比项</th><th>主板发行条件</th><th>科创板发行条件</th><th>创业板发行条件</th><th>北京证券交易所发行条件</th></tr>
<tr><td>内部控制情况</td><td>第22条　发行人的内部控制在所有重大方面是有效的，并由注册会计师出具了无保留结论的内部控制鉴证报告</td><td rowspan="2">第11条　发行人会计基础工作规范，财务报表的编制和披露符合企业会计准则和相关信息披露规则的规定，在所有重大方面公允地反映了发行人的财务状况、经营成果和现金流量，并由注册会计师出具标准无保留意见的审计报告。
发行人内部控制制度健全且被有效执行，能够合理保证公司运行效率、合法合规和财务报告的可靠性，并由注册会计师出具无保留结论的内部控制鉴证报告</td><td rowspan="2">第11条　发行人会计基础工作规范，财务报表的编制和披露符合企业会计准则和相关信息披露规则的规定，在所有重大方面公允地反映了发行人的财务状况、经营成果和现金流量，最近三年财务会计报告由注册会计师出具无保留意见的审计报告。发行人内部控制制度健全且被有效执行，能够合理保证公司运行效率、合法合规和财务报告的可靠性，并由注册会计师出具无保留结论的内部控制鉴证报告</td><td></td></tr>
<tr><td>会计基础工作规范情况</td><td>第23条　发行人会计基础工作规范，财务报表的编制符合企业会计准则和相关会计制度的规定，在所有重大方面公允地反映了发行人的财务状况、经营成果和现金流量，并由注册会计师出具了无保留意见的审计报告</td><td>第12条　发行人申请公开发行股票，应当符合下列规定：
……
（三）最近三年财务会计报告无虚假记载，被出具无保留意见审计报告</td></tr>
</table>

续表

对比项	主板发行条件	科创板发行条件	创业板发行条件	北京证券交易所发行条件
会计政策使用情况	第 24 条　发行人编制财务报表应以实际发生的交易或者事项为依据；在进行会计确认、计量和报告时应当保持应有的谨慎；对相同或者相似的经济业务，应选用一致的会计政策，不得随意变更			
关联交易	第 25 条　发行人应完整披露关联方关系并按重要性原则恰当披露关联交易。关联交易价格公允，不存在通过关联交易操纵利润的情形			

续表

对比项	主板发行条件	科创板发行条件	创业板发行条件	北京证券交易所发行条件
财务指标	第26条　发行人应当符合下列条件: (一)最近3个会计年度净利润均为正数且累计超过人民币3000万元,净利润以扣除非经常性损益前后较低者为计算依据; (二)最近3个会计年度经营活动产生的现金流量净额累计超过人民币5000万元;或者最近3个会计年度营业收入累计超过人民币3亿元; (三)发行前股本总额不少于人民币3000万元; (四)最近一期末无形资产(扣除土地使用权、水面养殖权和采矿权等后)占净资产的比例不高于20%; (五)最近一期末不存在未弥补亏损。 中国证监会根据《关于开展创新企业境内发行股票或存托凭证试点的若干意见》等规定认定的试点企业(以下简称试点企业),可不适用前款第(一)项、第(五)项规定			

续表

对比项	主板发行条件	科创板发行条件	创业板发行条件	北京证券交易所发行条件
纳税情况	第27条　发行人依法纳税，各项税收优惠符合相关法律法规的规定。发行人的经营成果对税收优惠不存在严重依赖			
偿债风险情况	第28条　发行人不存在重大偿债风险，不存在影响持续经营的担保、诉讼以及仲裁等重大或有事项			
信息披露情况	第29条　发行人申报文件中不得有下列情形： （一）故意遗漏或虚构交易、事项或者其他重要信息； （二）滥用会计政策或者会计估计； （三）操纵、伪造或篡改编制财务报表所依据的会计记录或者相关凭证			

续表

对比项	主板发行条件	科创板发行条件	创业板发行条件	北京证券交易所发行条件
持续经营能力	第30条　发行人不得有下列影响持续盈利能力的情形: (一)发行人的经营模式、产品或服务的品种结构已经或者将发生重大变化,并对发行人的持续盈利能力构成重大不利影响; (二)发行人的行业地位或发行人所处行业的经营环境已经或者将发生重大变化,并对发行人的持续盈利能力构成重大不利影响; (三)发行人最近1个会计年度的营业收入或净利润对关联方或者存在重大不确定性的客户存在重大依赖; (四)发行人最近1个会计年度的净利润主要来自合并财务报表范围以外的投资收益; (五)发行人在用的商标、专利、专有技术以及特许经营权等重要资产或技术的取得或者使用存在重大不利变化的风险; (六)其他可能对发行人持续盈利能力构成重大不利影响的情形	第12条　发行人业务完整,具有直接面向市场独立持续经营的能力: …… (三)发行人不存在主要资产、核心技术、商标等的重大权属纠纷,重大偿债风险,重大担保、诉讼、仲裁等或有事项,经营环境已经或者将要发生重大变化等对持续经营有重大不利影响的事项	第12条　发行人业务完整,具有直接面向市场独立持续经营的能力: …… (三)不存在涉及主要资产、核心技术、商标等的重大权属纠纷,重大偿债风险,重大担保、诉讼、仲裁等或有事项,经营环境已经或者将要发生重大变化等对持续经营有重大不利影响的事项	第13条　发行人申请公开发行股票,应当符合下列规定: …… (二)具有持续经营能力,财务状况良好; ……

续表

对比项	主板发行条件	科创板发行条件	创业板发行条件	北京证券交易所发行条件
独立性		第12条　发行人业务完整,具有直接面向市场独立持续经营的能力: (一)资产完整,业务及人员、财务、机构独立,与控股股东、实际控制人及其控制的其他企业间不存在对发行人构成重大不利影响的同业竞争,不存在严重影响独立性或者显失公平的关联交易……	第12条　发行人业务完整,具有直接面向市场独立持续经营的能力: (一)资产完整,业务及人员、财务、机构独立,与控股股东、实际控制人及其控制的其他企业间不存在对发行人构成重大不利影响的同业竞争,不存在严重影响独立性或者显失公平的关联交易……	

2. 可以根据企业产业属性、技术研发能力及规模情况选择上市板块。主板没有明确的定位,主要服务于资产规模较大、盈利较为稳定的企业。只要符合主板发行条件,即可向中国证监会申请发行上市,并自由选择上海证券交易所或深圳证券交易所上市。科创板重点支持新一代信息技术、高端装备、新材料、新能源、节能环保以及生物医药等高新技术产业和战略性新兴产业,推动互联网、大数据、云计算、人工智能和制造业深度融合,引领中高端消费,推动质量变革、效率变革、动力变革。如果企业属于上述行业,可以选择上海证券交易所的科创板上市。创业板主要服务成长型创新创业企业,支持传统产业与新技术、新产业、新业态、新模式深度融合,企业如果符合创业板的条件,可以考虑在深圳证券交易所的创业板上市。

47. 如何选择合适的上市地？

企业上市既可以选择在我国境内的上海证券交易所、深圳证券交易所或北京证券交易所上市，也可以选择在我国香港特区、美国、英国、德国、新加坡等国家或地区的证券交易所上市。在北京证券交易所上市，首先要在全国股转系统挂牌且进入创新层持续挂牌12个月。选择合适的上市地，对拟上市企业来说是一个非常关键的问题，因为这既关系到上市的时间和成本，更决定着上市的收益和企业的持续发展，需要董事会审慎抉择。选择上市地的核心并不是简单选择交易所，而是选择企业的股东和市场，这样才能使企业的发展与资本市场的发展相得益彰。

企业选择上市地，一般应结合下列因素综合考虑：

1. 一级市场的筹资能力、二级市场的流动性、后续融资能力；
2. 不同市场的估值水平（主要指境内外市场）；
3. 拟上市地是否与企业的行业地位和定位相适应；
4. 拟上市地是否为企业主要业务和核心客户所在地，当地投资者对企业的认同度；
5. 上市成本（包括初始上市成本以及后续维护成本）、上市所需时间；
6. 拟上市地的地理位置（往来交通时间成本）、文化背景、上市标准等；
7. 企业上市后的监管成本和监管环境等。

近期美国政府对中国在美国上市出台禁令，企业目前到美国的几个证券交易所上市存在较大的风险。国际上比较活跃的市场有我国香港特区、英国、德国等国家或地区的市场。如果企业国际化程度比较高，或者发行规模比较大，可以考虑到这些境外证券交易所上市，但境外上市存在文化、规则、语言交流以及上市、维护费用的差异，建议在可能的情况下还是优先选择境内证券交易所上市。

48. 境内A股上市的成本很高吗?

上市的成本主要分为两个方面:一方面是企业上市的规范成本;另一方面是企业上市时聘请保荐人、承销商、律师事务所、会计师事务所的服务费用。如果企业前期运营非常规范,法律和财务均没有重大问题,则上市的规范成本可以忽略不计;如果企业前期规范性较差,则企业上市可能会付出较大的成本,其中最大的一项一般是税收的成本,其他成本包括注册资本没有真实到位补缴出资的成本,股权清理所付出的规范成本等。企业前期运营中的问题不同,付出的规范成本会有较大的差异。境内上市时,企业聘请证券保荐人、承销商、律师事务所、会计师事务所的成本大致在首次公开发行股票募集资金的10%,最大的支出一般是承销费用。

除此之外,企业为了上市,也可能因聘请其他咨询类机构支出其他方面的成本,如建立规范化的组织架构、梳理企业流程、企业使用ERP系统等方面支出的费用,这些支出实际上是企业发展需要付出的成本,一般不视为上市的成本。

49. 境内A股上市需要承担哪些中介费用?

上市需要支出的中介费用主要是指聘请证券公司、律师事务所和会计师事务所的费用,另外还包括资产评估机构的费用。支付给律师事务所的费用主要是发行上市时律师事务所出具法律意见书和律师工作报告收取的律师费;支付给会计师事务所的费用是发行上市时会计师事务所收取的审计费用和验资费用;支付给资产评估机构的费用是企业改制时资产价值评估或其他需要进行评估的评估费用。证券公司收取的费用较为复杂,因为在整个上市过程中,证券公司是以不同的身份参与服务的。发行上市申报前，证券公司一般担任拟上市公司的财务顾问或辅导机构，收取的是财务顾问费或辅导费用；在发行上市提交申报材料时，证券公司一般担任拟上市公司的保荐机构，出具发行保荐书，协助企业拟定招股说明书等，此阶段收取的是保荐费用；公司通过发行审核后，证券公司担任拟上市公司的承销商，负责承销公司发行的股票，企业支付的费用是承销费用。企业须清楚证券公司不同阶段收取费用的性质，一般而言，在与企业商谈合作时，证券公司也会主动说明自己不同阶段的身份，并协商确定相应阶段的费用情况。

以2019年在上海证券交易所和深圳证券交易所成功发行上市的情况为例，2019全年通过IPO成功募集资金的企业有202家，募集规模达到2525.74亿元；2018年融资企业有105家，首发融资规模达1378亿元；2017年融资企业有438家，融资规模达2301亿元。

2019年的平均新股发行费用为7348.28万元。其中，券商的保荐承销费占整个发行费用的76%，平均费用为5624.25万元；律师费占比6%，平均费用为399.58万元；审计验资费占比10%，平均费用为748.53万元；信息披露费占比6%，平均费用为468.09万元；其他费用占比2%，平均费用为121.62万元。①

境内A股的各项费用是可以在募集资金中扣除的，如果企业发行上市成功，承销费用及律师费、会计师费用和评估机构的费用均不计入企业的经营性支出，直接从募集资金中扣除，因此对拟发行上市企业的影响较小。各项费用中，承销费用是整个发行费用占比最多的，但承销费用一般是在发行完成后直接从募集资金中扣除并支付，不需要企业事前支付。在发行上市前要支付的费用一般为券商的保荐、辅导费用、律师费用、审计验资费用和评估费用等。从支付方式而言，这些费用一般分期支付，在发行上市前支付的比例一般在50%～70%，发行上市完成支付剩余费用。

各地政府为了支持企业上市，均出台一系列的奖励政策，对在证券交易所发行上市的企业给予现金奖励，个别地市的奖补金额足以覆盖保荐机构、律师事务所、会计师事务所和评估机构前期费用支出，企业因此减少不少压力。

---

① 数据来自深圳大象投资顾问有限公司编：《2019年中国A股市场IPO白皮书》（上），机械工业出版社2019年版。

以河南省为例，省人民政府和各地市人民政府相继出台了上市的奖励政策。表 2－2 为奖励政策的补贴政策。

表 2－2　河南省人民政府及各地市人民政府上市奖补政策

政策出台主体	奖补金额（万元）		奖补节点
河南省人民政府	境内主板、中小板上市	200	按照核准制申请在上海证券交易所、深圳证券交易所首发上市的，按照辅导备案登记、中国证监会受理申报材料两个节点，省财政分别给予 50 万元、150 万元补助
	境内科创板、创业板上市	300	按照注册制申请在上海证券交易所、深圳证券交易所首发上市的，按照辅导备案登记、证券交易所受理申报材料两个节点，省财政分别给予 150 万元补助
	境外上市		对在境外主流资本市场上市并实现融资的企业，省财政给予 200 万元补助
郑州市人民政府	境内科创板上市	1000	企业在上海证券交易所科创板首次公开发行股票，市政府给予 1000 万元奖励。该项奖励分步骤实施，其中：(1)企业进入市级重点上市后备库，完成股改并设立股份公司的，市政府给予 100 万元引导资金。(2)企业与证券机构签订科创板辅导协议，并在河南证监局辅导备案的，给予 100 万元推动资金。(3)上海证券交易所正式受理企业科创板首发上市申请后，给予 200 万元上市激励资金。(4)对在上海证券交易所科创板成功上市交易的企业，给予 600 万元奖励
	境内主板、中小板和创业板上市	800	企业在沪深交易所主板、中小板和创业板上市的，市政府给予 800 万元奖补。该项奖励分步实施，其中：(1)企业进入市级重点上市后备库，完成股改并设立股份公司的，市政府给予 100 万元补助资金；(2)企业与证券机构签订辅导协议，并在河南证监局辅导备案的，给予 100 万元推动资金；(3)证监会正式受理企业首发上市申请后，给予 200 万元上市激励资金；(4)对在沪深交易所主板、中小板和创业板上市交易的，给予 400 万元奖励
	境外上市	800	对在境外证券交易所上市的，给予一次性 800 万元奖励
	新三板挂牌	100	对在全国股转系统（新三板）挂牌的企业，市政府给予一次性 100 万元奖励

续表

政策出台主体	奖补金额(万元)		奖补节点
洛阳市人民政府	境内上市	600~1000	上市后备企业申请境内上市的,按照辅导备案登记、中国证监会(或交易所)受理申报材料、上市交易三个节点,对申请上市企业分别给予100万元、200万元、300万元奖励。其中,2019~2021年在科创板成功上市的,除享受上述奖励外,每家企业再额外给予400万元奖励
	境外上市	500	上市后备企业申请境外上市的,按照中国证监会批复同意、上市交易两个节点,对申请上市企业分别给予200万元、300万元奖励
	新三板挂牌	30	上市后备企业在全国股转系统(新三板)挂牌成功后,给予30万元奖励
平顶山市人民政府	境内主板、中小板、创业板上市	1000	对在主板、中小企业板、创业板成功上市的企业,给予1000万元奖励,其中:(1)通过河南证监局辅导备案、向证监会申报并被受理的,提供相关证明材料后,给予300万元奖励。(2)通过证监会发行审核、获得批文的,提供相关证明材料后,给予300万元奖励。(3)成功上市后,给予400万元奖励。借壳上市后,注册地迁入平顶山市的企业以及新三板挂牌企业成功转板上市的,视同首发上市,提供相关证明材料后,结合先前上市奖励情况,给予1000万元一次性奖励
	境外上市	500	对在纽约证券交易所、纳斯达克证券交易所、我国香港特区证券交易所主板上市的企业,提供相关证明材料后,给予500万元一次性奖励

续表

政策出台主体	奖补金额(万元)		奖补节点
安阳市人民政府	境内、境外上市	500~600	对在境内证券交易所主板(含中小板)、创业板或境外证券交易所发行上市的企业,给予500万元奖励;为鼓励企业转型升级和科技创新,对在科创板首发上市的企业,给予600万元奖励。以上奖励根据上市工作进展情况,分阶段进行。企业在中介机构指导下完成股改的,以取得营业执照为准,给予50万元奖励;向河南证监局递交辅导备案材料并受理的,给予100万元奖励;完成上市辅导并经河南证监局验收通过,向证券监管部门或证券交易所递交首发上市申请(注册)材料后给予150万元奖励;获股票上市发行审核通过并拿到发行批文,给予200万元奖励(在科创板首发上市后给予300万元奖励)
	新三板挂牌	30	对在全国股转系统精选层挂牌的企业,给予30万元奖励,在精选层挂牌企业成功转板上市后一次性给予470万元差额奖励
鹤壁市人民政府	境内上市	200	鼓励企业在主板、中小板、创业板上市,并根据工作推进情况,分阶段予以奖励。向省证监局递交上市辅导材料,给予50万元奖励;完成上市辅导并经省证监局验收通过,给予50万元奖励;向中国证监会递交首发上市申请材料,获股票发审会核准通过并拿到发行批文,给予100万元奖励
	新三板挂牌	100	对在全国股转系统挂牌的企业,给予100万元奖励。新三板挂牌企业成功转板上市的,视同首发上市,一次性给予100万元差额奖励
新乡市人民政府	境内上市	200~500	在境内主板、中小板、创业板、科创板首发上市,市财政对第一家奖励500万元,第二、三家各奖励300万元,第四家及以后奖励200万元。奖励进度按照中国证监会或证券交易所正式受理首发申请材料、成功上市发行两个阶段,分别给予100万元及剩余奖励部分
	境外上市	200	在我国香港特区证券交易所、美国证券交易所等境外证券交易所主板市场成功上市,市财政一次性奖励200万元
	新三板挂牌	100	在全国股转系统挂牌交易的企业,市财政一次性奖励100万元

续表

政策出台主体	奖补金额(万元)		奖补节点
三门峡市人民政府	境内上市	500	对境内首发公开上市的企业(境内上市包含主板、科创板、中小板、创业板等),市财政分阶段给予奖励500万元,即进入首次公开发行股票辅导程序、在其辅导机构向河南证监局提交《股票发行上市辅导报告》备案后,给予奖励100万元;向证监会提交拟发行股票并上市的申请受理后,给予奖励100万元;企业完成首发上市,给予奖励300万元
	境外上市	200	在境外主流资本市场上市并实现融资的企业,市财政给予一次性奖励200万元
	新三板挂牌	80~280	市财政对在新三板挂牌的企业,给予一次性奖励80万元;企业成功进入精选层后,给予一次性奖励200万元
濮阳市人民政府	境内外上市	200	对在境内外首发上市的企业,给予200万元奖励
	新三板	100	对在全国股转系统挂牌的企业,给予100万元奖励。新三板挂牌企业成功转板上市的,视同首发上市,给予200万元奖励
许昌市人民政府	境内外上市	650	对向河南证监局申请境内主板、中小板、创业板、科创板上市辅导报备并获受理的(或向中国证监会上报境外上市备案申请并获无异议函的)企业,给予50万元企业上市前期推动资金。对向中国证监会(或境内外上市所在地证券交易所)上报审核材料并获受理的企业,给予100万元企业上市中期推动资金。对在境内(主板、中小板、创业板、科创板)、境外(主板、创业板)成功发行上市,或借壳上市成功并将其上市公司注册地迁至我市的企业,给予500万元奖补资金
	新三板挂牌	200~400	对实现新三板挂牌的企业,给予200万元奖补资金。入选新三板精选层的,再给予200万元奖补资金。对从新三板转板或直接申请到境内(主板、中小板、创业板、科创板)或境外(主板、创业板)上市的企业,按照普通企业上市奖补标准给予上市前期推动资金、上市中期推动资金、上市成功奖补资金

续表

政策出台主体	奖补金额(万元)		奖补节点
商丘市人民政府	境内上市	150	在境内主板、创业板上市的企业,或买壳(借壳)成功上市并将其上市公司注册地迁至我市的,给予150万元奖励资金。国家级贫困县企业根据企业实际发生费用,由县级财政予以差额补贴奖励
	境外上市	150	在我国香港特区、新加坡、澳洲等境外主板首发上市的企业,给予150万元奖励资金
	新三板挂牌	100	在新三板挂牌的企业,给予100万元奖励资金。国家级贫困县企业根据企业实际发生费用,由县级财政予以差额补贴奖励。在全国股转系统挂牌企业成功转板上市的,视同首发上市,按上市奖励政策予以差额奖励

其他省市也有类似的奖补政策,建议拟上市的企业向当地金融监督管理局咨询。

第三章　境外资本市场

50.

我们的企业能到境外上市吗？　中国企业到境外上市的地点有哪些？

上市是为了获得融资，能够上市的证券交易所有很多。境内有上海证券交易所、深圳证券交易所和北京证券交易所，境外很多国家或地区都设立证券交易所，但并不是所有的证券交易所都适合上市，一些国际化程度不高的证券交易所，难以吸引其他国家的企业上市。目前国际化程度较高的证券交易所有我国香港证券交易所（SEHK）、纳斯达克证券交易所、纽约证券交易所、东京证券交易所（TSE）、泛欧证券交易所（Euronext）、伦敦证券交易所（LSE）、德国证券交易所（DBAG）、新加坡证券交易所（SGX）等，每个证券交易所都规定发行上市的条件，大部分国际化程度较高的证券交易所都接受其他国家或地区的企业上市。因此，只要企业有意愿，且符合发行上市的条件，企业可以自由选择境内或境外的证券交易所上市。

51.

为什么要到境外上市？

无论是境外上市，还是境内上市，其主要目的是融资。如果企业的产品或服务面向的是国际市场，或者企业的供应商多是国外的企业，选择境外上市则有助于其在证券交易所所在国或国际上扩大知名度，推动企业产品或服务更加国际化，提高企业在国际上的市场竞争力，同时境外上市也可以直接得到外汇资金。当然，随着国内外汇市场的改革，贸易项下的外汇资金的取得越来越简便，取得外汇资金可能不再是境外上市的主要考虑因素，但对于一些外向型企业还是很有意义的。另外，境外上市大多数都采取注册制，完全是市场化发行，因此发行速度较快，以我国香港特区市场为例，一般自启动开始，6～9 个月可完成发行上市工作，对一些急于上市的企业很有吸引力。

52. 我们的企业是在境内上市好，还是在境外上市好？

目前可以上市的途径很多，到底是境内上市好，还是境外上市好，没有定论，要根据企业的实际情况来确定。一般而言，考虑选择境内上市还是境外上市，主要考虑以下几方面因素：

1. 发行规模

境外的证券交易所发展的时间长，投资者以投资机构为主，其在市场中的资金规模大，如果企业上市后融资规模特别大，可选择境外上市，不会有发行规模的限制。随着国内证券交易所的不断成熟，境内证券市场的资金规模也在不断扩大，尤其是我国证券市场对境外投资者逐步开放后，境内证券市场的资金也越来越充裕，对一般的企业而言，在境内上市就能满足其发行规模的需求。只有一些融资规模特别大的企业，如果在境内一次融资太多，对证券市场的冲击太大，才会考虑境外的证券交易所上市。一般来讲，企业规模不是非常大，股票的发行上市对证券市场的影响很小，建议优先考虑境内上市，企业不会存在法律、文化等方面的障碍，可以避免不必要的成本支出。企业选择境外上市一定要充分了解境外的资本市场，不要盲目跟风。

2. 国际化程度

企业的国际化程度也是选择上市地的重要考虑因素之一，上市是扩大企业知名度和影响力的有效途径之一,它的宣传效果甚至要超过广告,因此在选择上市地时要考虑企业的产品或服务对象的国际化程度。如果企业的产品或服务对象全部或主要面向国内,一般来讲,除非有特殊的战略考虑,建议优先选择在境内上市,这样可能最大化利用资本市场的力量扩大影响力,提高竞争能力。如果企业的业务或服务对象主要面向国际市场,选择境外证券市场上市更有助于企业在国际市场扩大知名度。

3. 证券交易所对主营业务的偏好

境外的证券交易所对主营业务所属行业存在不同的偏好,如美国纳斯达克证券交易所对互联网等网络公司的接纳度较高,加拿大多伦多证券交易所对矿产企业的接纳度较高等,这些偏好也决定了发行上市时投资者对企业的估值,如美国证券市场对网络公司的估值就高于其他证券市场。但一般而言,除个别证券市场有明显的偏好外,大多没有明显的差异。证券交易所都规定一套发行上市的标准,只要符合其标准,企业都可以按照各证券交易所规定的标准,对照自身的条件,自由选择适合自己的证券市场。

境内证券交易所对拟上市企业所属行业没有明显的偏好,以前在主板、中小板,乃至创业板上市的企业大多是有一定盈利规模的企业,只要符合发行上市的条件,均可向中国证监会申请。随着注册制的施行,科创板和创业板已经不再把企业的盈利规模作为上市的主要条件,一些具有创新能力的科技型企业只要能够吸引投资者,发行上市时的市值达到要求,即使是亏损的企业,也一样可以考虑向证券交易所申请发行上市,证券交易所对行业的偏好不再是企业上市地选择的主要考虑因素。

4. 文化的差异

国内企业到境外证券市场发行上市,肯定存在文化差异,这些文化差异包括使用的语言、对公司运作的规范要求、诉讼文化等诸多方面。

一般而言,目前发达经济体的证券交易所大多以英语为官方语言,因此,发行上市出具的招股说明书等文件均要用英语等非中文语言进行撰写,文书中存在语言上的巨大差异,企业到境外上市就要适应不同的文化。

不同国家的公司法有不同的规定,境内企业是按照《公司法》设立的,原来的规定对控股权等方面的弹性较小,如特别表决权的规定。在很长一段时间内,国内《公司法》要求“同股同权”,不接受特别表决权,导致有特别表决权设计的企业难以在境内证券交易所发行上市，这也是阿里巴巴这样的企业最终选择到美国证券交易所上市的原因。随着《公司法》的修订，国内也开始接受特别表决权等特殊的控制权设计，这方面与境外的差异在不断缩小。

诉讼文化方面，各国对上市的诉讼规定不同。如美国诉讼盛行，企业在信息披露或规范运营方面稍有违规，就可能面临投资者诉讼，曾有多家到美国上市的国内企业因为信息披露或规范运作方面的不规范，导致涉诉并赔偿大量的资金，即使是阿里巴巴这样的企业也不能幸免。同时随着中美贸易摩擦的不断升级，美国政府对我国在美国上市的企业不断打压，企业面临的上市环境变化很大。因此，企业在选择境外市场时，一定要高度重视文化方面的差异，避免产生不必要的损失。

5. 对发行上市的审核

境内外证券交易所对企业发行上市的审核制度不同，境外的证券市场有实行核准制的，但更多的证券交易所对发行上市实行注册制。核准制下，审核机构要对企业的盈利能力、规范运作、信息披露等影响企业价值的因素作实质性审核。注册制则更加强调信息披露，不进行实质性审核，公司价值交给投资者判断。境外多数证券市场实行注册制，企业按照证券交易所的规定进行信息披露，由投资者对企业的价值进行判断，证券的发行上市采取市场化方式，企业发行上市的难度较境内小，上市时间可预期。我国科创板推出之前，证券发行上市实行核准制，企业发行的审核由中国证监会负责，审核要求高，很多企业望而却步，发行上市的企业受到很大限制。科创板推出后实行注册制，2020 年创业板也实施了注册制改革。注册制下，发行上市的审核工作主要转由证券交易所负责，中国证监会负责注册工作，审核的重心也由实质性审核转变为信息披露的质量。随着我国注册制的改革，上市审核周期也越来越短，境内外的差异在不断缩小。

6. 市盈率的高低

市盈率高，就预示着发行同样的股份，可以获得更多的资金。市盈率的高低直接与市场流动性相关，一般而言，流动性越强的市场，市盈率会越高，流动性越差的市场，市盈率则会越低。因此在考虑证券交易所时，要选择流动性较强的市场，这样能够获得较高的市盈率。目前境内证券交易所的流动性好，市盈率一般高于国外市场，但由于我国证券交易所设立时间短，行政化色彩较强，上市难度大,致使很多企业望而却步。而境外市场的市盈率更加市场化,不同的企业差异很大。我国香港联合交易所由于市场活跃,市盈率平均高于境外的很多证券交易所,也是可以优先考虑的。

除上述因素外,上市的紧迫程度、证券市场的交易活跃程度等都是企业在上市前需要重点了解的事宜,企业可结合自身的情况选择合适的证券交易所,避免上市后因证券交易所选择不当而后悔,到那时所面临的不单是简单的退市等问题,更有巨大的利益损失和机会成本的损失。

53. 在境外上市的成本高吗?

境外上市的成本和境内类似,也分为上市前的规范成本和上市时聘请证券服务机构的成本。除此之外,还有上市后的维护成本。这个问题在上文有所涉及。

一般而言,企业上市均需要符合合法性和规范性要求,企业上市前的规范成本理论上相差不大,但因不同的市场监管严格程度有差异,导致企业规范成本会有所差异。

境外聘请证券服务机构的成本普遍高于境内,一般可以达到募集资金的15%及以上,但也有一些境外上市存在用企业股份抵偿证券服务机构聘请费用的情形,实际上是企业上市时聘请证券服务机构的成本,由企业用发行股票的方式抵偿,企业遇到这种情形一定要商谈好规则,避免上当受骗。境外上市时,拟上市企业聘请的律师事务所一般需要有境内律师和境外律师,聘请的会计师事务所多需要国际化大所,因此支付的这部分费用普遍高于境内上市。

上市后的维护成本,境外也普遍高于境内。尤其是发达经济地区设立的证券交易所,由于律师和会计师收费更高,且会计师事务所大多聘请国际化的大型机构,因此每年缴纳的律师和会计师费用远高于境内。

境外上市需要聘请一些国际化的人才与境外证券交易所进行沟通和信息披露,这也会增大企业的上市和维护成本。

54. 境外上市有哪些好处和坏处？

前文讲述了很多境外上市的好处，实际上也讲述了境外上市的坏处。这里再对境外上市的好处和坏处作一个简单总结。一般而言，企业在境外上市的好处有以下几个方面：

1. 有利于企业的国际化，增加企业在国外的知名度；
2. 可以更容易获得企业国际化发展的外汇资金；
3. 股票发行的市场化程度更高，融资方式更加灵活；
4. 市场容量更大，不易受融资规模的限制。

企业在境外上市的坏处也可以概括为以下几个方面：

1. 上市聘请证券服务机构的成本和维护成本高于境内；
2. 境外上市可能面临政治风险和文化差异，如中美贸易摩擦就给很多在美国纽约证券交易所和纳斯达克证券交易所上市的公司带来巨大的风险，文化差异会使发行人与投资者沟通成本增加；
3. 境外上市融资的市盈率多低于境内，企业首次公开发行股票融资的金额相应会少一些。但不能一概而论，对于一些特殊的企业，如互联网企业或亏损但受投资者看好的企业，境外的融资会更灵活一些。

55. 香港证券交易所情况怎么样？ 上市的财务条件有哪些？

近年来，有很多内地企业到我国香港特区上市，并获得较好的发展，在我国香港特区上市也受到越来越多的内地企业关注。在我国香港特区上市具有较多优势，一是我国香港特区国际化程度高，在香港证券交易所上市可以获得国际投资资金的支持，发行规模基本不受限制；二是我国香港特区与内地联系紧密，沟通交流相较于欧美证券市场容易得多；三是在我国香港特区上市成本较欧美国家的资本市场要低得多；四是香港证券交易所非常欢迎内地企业。

相比境内证券发行，香港证券交易所的发行更加市场化，受到的行政约束更少。香港证券交易所的运营机构为香港联合交易所有限公司，香港联合交易所有两个板块：一个是主板市场，另一个是创业板市场（GEM 市场）。GEM 市场的上市公司在符合规定条件时，可以直接申请转板至主板。

香港证券交易所主板的上市条件除须符合注册或成立所在地的法律及其公司章程等规定，适合上市且一般具有 25% 以上的公众持股等规定外，关注点更多地集中于上市的财务指标。香港联合交易所主板采用了三套财务指标，要求发行人必须符合《香港联合交易所有限公司综合主板上市规则》规定的盈利测试，或市值/收益/现金流量测试，或市值/收益测试。

1. 盈利测试

盈利测试要求发行人符合下列条件：

（1）具备不少于 3 个会计年度的营业记录，而在该段时间，发行人最近 1 年的股东应占盈利不得低于 2000 万港元，及其前两年累计的股东应占盈利不得低于 3000 万港元。上述盈利应扣除日常业务以外的业务所产生的收入或亏损。

（2）至少前 3 个会计年度的管理层维持不变。

（3）至少经审计的最近 1 个会计年度的拥有权和控制权维持不变。

2. 市值/收益/现金流量测试

发行人须符合下列条件：

（1）具备不少于 3 个会计年度的营业记录；

（2）至少前 3 个会计年度的管理层维持不变；

（3）至少经审计的最近 1 个会计年度的拥有权和控制权维持不变，即经审计的最近 1 个会计年度控股股东或实际控制人不得发生变化；

（4）上市时市值至少为 20 亿港元；

（5）经审计的最近 1 个会计年度的收益至少为 5 亿港元；

（6）发行人或其集团拟上市的业务于前 3 个会计年度的现金流入合计至少为 1 亿港元。

3. 市值/收益测试

为符合市值/收益测试，除非香港证券交易所已根据《香港联合交易所有限公司综合主板上市规则》的规定作出豁免，否则新申请人须符合下列各项条件：

(1)具备不少于3个会计年度的营业记录；

(2)至少前3个会计年度的管理层维持不变；

(3)至少经审计的最近1个会计年度的拥有权和控制权维持不变；

(4)上市时市值至少为40亿港元；

(5)经审计的最近1个会计年度的收益至少为5亿港元。

我国香港特区综合GEM板块对企业上市的财务及相关条件包括：

(1)发行人或其集团必须具备足够至少两个财政年度的适当编制的营业记录，且从日常及正常业务经营过程中产生净现金流入(但未计入调整营运资金的变动及已付税项)。申请上市的发行人或集团在刊发上市文件前两个财政年度从经营业务所得的净现金流入总额必须最少达3000万港元。

(2)申请人在刊发上市文件前的完整财政年度至上市日期的整段时间，其拥有权及控制权必须维持不变。

(3)申请人在刊发上市文件前两个完整财政年度至上市日期的整段时间，其管理层必须大致维持不变。

目前内地企业到我国香港特区上市一般采取两种途径：一种是红筹架构，即在香港证券交易所认可的百慕大群岛或开曼群岛注册公司，然后通过控股方式控制内地企业，在百慕大群岛或开曼群岛注册的公司作为发行人在我国香港特区发行股票并上市；另一种是直接上市，即H股，也就是经中国证监会核准直接到香港证券交易所上市。《香港联合交易所有限公司综合主板上市规则》专门增加了一章即第19A章，对在中华人民共和国注册成立的公司在我国香港特区上市作出详尽的规定。《香港联合交易所有限公司GEM证券上市规则》也在第25章专章对在中华人民共和国注册成立的公司在香港GEM上市作出规定。内地企业有意到香港证券交易所上市，可以向在香港参与承销的证券公司或具有香港上市知识或经验的国内律师咨询。

第四章　发行上市及挂牌条件

第一节　新三板挂牌条件

56. 我们的企业能够到新三板挂牌吗？

只要符合全国股转系统规定的挂牌条件，都可以申请到新三板挂牌。根据《全国中小企业股份转让系统股票挂牌条件适用基本标准指引》及其他有关法律法规的规定，新三板挂牌的主要条件如下：

1. 主体资格。对申请挂牌公司主体资格的要求是公司依法设立且存续满两年。

2. 业务明确，具有持续经营能力。业务明确，是指公司能够明确、具体地阐述其经营的业务、产品或服务、用途及其商业模式等信息。持续经营能力，是指公司基于报告期内的生产经营状况，在可预见的将来，有能力按照既定目标持续经营下去。

3. 公司治理机构健全，合法、合规经营。公司治理机构健全，是指公司按规定建立由股东大会、董事会、监事会和高级管理层组成的公司治理架构，制定相应的公司治理制度，并能证明有效运行，保护股东权益。合法、合规经营，是指公司及其控股股东、实际控制人、董事、监事、高级管理人员须依法开展经营活动，经营行为合法、合规，不存在重大违法违规行为。

4. 股权明晰，股票发行和转让行为合法、合规。(1)股权明晰是指公司的股权结构清晰，权属分明，真实确定，合法、合规，股东特别是控股股东、实际控制人及其关联股东或实际支配的股东持有公司的股份不存在权属争议或潜在纠纷。(2)股票发行和转让合法、合规,是指公司的股票发行和转让依法履行必要内部决议、外部审批(如有)程序,股票转让须符合限售的规定。(3)在区域股权市场及其他交易市场进行权益转让的公司,申请股票在全国股转系统挂牌前的发行和转让等行为应合法、合规。(4)公司的控股子公司或纳入合并报表的其他企业的发行和转让行为须符合《全国中小企业股份转让系统股票挂牌条件适用基本标准指引》的规定。

5. 主办券商推荐并持续督导。申请挂牌公司须经主办券商推荐,双方签署《推荐挂牌并持续督导协议》。主办券商应完成尽职调查和内核程序,对公司是否符合挂牌条件发表独立意见,并出具推荐报告。

6. 其他要求。除上述条件外,按照《全国中小企业股份转让系统有限责任公司管理暂行办法》的规定,申请挂牌公司还要符合下列条件:

(1)公司应当强化内部管理,按照相关规定建立会计核算体系、财务管理和风险控制等制度,确保公司财务报告真实可靠及行为合法、合规。

(2)公司进行关联交易应当遵循平等、自愿、等价、有偿的原则,保证交易公平、公允,维护公司的合法权益,根据法律、行政法规、中国证监会的规定和公司章程,履行相应的审议程序。

(3)公司应当采取有效措施防止股东及关联方以各种形式占用或者转移公司的资金、资产及其他资源。

(4)公司应当按照法律规定,同时结合公司的实际情况在章程中约定建立表决权回避制度。

从以上规定来看,新三板挂牌中更注重规范性,但未对企业的财务条件作出严格的规定,只要符合持续经营能力即可。

57. 新三板挂牌需要中国证监会审核吗?

在全国股转系统挂牌,根据《国务院关于全国中小企业股份转让系统有关问题的决定》,挂牌公司依法纳入非上市公众公司监管,股东人数可以超过200人。股东人数未超过200人的股份公司申请在全国股转系统挂牌,证监会豁免核准。挂牌公司向特定对象发行证券,且发行后证券持有人累计不超过200人的,证监会豁免核准。依法需要核准的行政许可事项,证监会应当建立简便、快捷、高效的行政许可方式,简化审核流程,提高审核效率,无须再提交证监会发审会审核。但是,挂牌公司股东人数超过200人时,无论是定向发行超过200人,还是转让超过200人,均需要向中国证监会申请核准。所以新三板挂牌是否需要中国证监会核准要根据企业股东人数情况来确定,如果构成公开发行,或股东人数超过200人,仍然需要向中国证监会提交申请材料,并由中国证监会审核。

58. 新三板挂牌企业的信息披露有什么要求?

新三板挂牌企业的信息披露分四种情况:第一种是挂牌公开转让时的信息披露;第二种是挂牌后定期报告的信息披露;第三种是挂牌后定向发行或公开发行的信息披露;第四种是发生重大事件的信息披露。信息披露文件主要包括公开转让说明书、定向转让说明书、定向发行说明书、发行情况报告书、公开发行说明书、定期报告和临时报告等。具体的内容与格式、编制规则及披露要求,均须符合中国证监会的规定。

新三板挂牌企业性质上已经属于非上市的公众公司,因此应按照中国证监会及全国股转系统关于公众公司的信息披露要求公开公司信息。信息披露的原则是:挂牌公司及其他信息披露义务人对所有可能对公司股票及其他证券品种交易价格、投资者投资决策产生较大影响的信息的披露应当及时、公平,并保证信息披露内容的真实、准确、完整,不存在虚假记载、误导性陈述或重大遗漏。挂牌公司的董事、监事、高级管理人员应当忠实、勤勉地履行职责,保证公司及时、公平地披露信息,所披露的信息真实、准确、完整。

59. 新三板挂牌主办券商是做什么的?

《国务院关于全国中小企业股份转让系统有关问题的决定》中明确规定,境内符合条件的股份公司均可通过主办券商申请在全国股转系统挂牌,公开转让股份,进行股权融资、债权融资、资产重组等。所谓的主办券商,是指接受拟到全国股转系统挂牌的公司的聘请,为公司提供挂牌、公开转让、定向发行、公开发行、债权融资和资产重组等服务的证券公司。在全国股转系统挂牌时提供上述服务的证券公司即为主办券商,和到证券交易所发行上市时为发行人提供服务的保荐人类似,虽称号不一样,工作内容有差别,但在工作性质上是一致的。

主办券商主要承担尽职调查、股改、企业问题整改、出具推荐工作报告、协助挂牌公司制定资产重组方案、对挂牌公司进行督导等职责。

60. 新三板挂牌企业需要律师吗?

在全国股转系统挂牌公开转让的企业,需要聘请律师提供相关法律服务,并在挂牌时出具法律意见书。公司申请在全国股转系统挂牌,挂牌后公开转让股份,召开股东大会见证,进行股权融资、债权融资、资产重组等均需要聘请律师并出具法律意见书。

61. 新三板挂牌的审核程序是什么？

拟在全国股转系统挂牌的公司，在按照《全国中小企业股份转让系统公开转让说明书内容与格式指引（试行）》、《全国中小企业股份转让系统挂牌申请文件内容与格式指引》或《非上市公众公司信息披露内容与格式准则第1号——公开转让说明书》、《非上市公众公司信息披露内容与格式准则第2号——公开转让股票申请文件》以及《非上市公众公司信息披露内容与格式准则第4号——定向发行申请文件》等要求制作申请文件并提交至全国股转系统后，即进入新三板的审查程序。股东人数不超过200人的公司申请股份挂牌公开转让的，审查程序包括受理、审查、反馈、审议、审查同意、信息披露、股票初始登记等程序。股东人数超过200人的公司申请股份挂牌公开转让的，还须在全国股转系统审查同意前取得中国证监会的核准决定。申请挂牌同时定向发行的，还要经过认购、缴款、验资等程序。

1. 受理

全国股转系统在收到符合受理条件的申请文件后，应在2个交易日内完成受理程序。申请文件正式受理当日，申请挂牌公司应将其公开转让说明书（申报稿）、审计报告、法律意见书、主办券商推荐报告、定向发行说明书（如有）、设置表决权差异安排的股东大会决议（如有）等文件在符合《证券法》规定的信息披露平台披露。

2. 审查和反馈

全国股转系统有限责任公司审查职能部门依据相关规则对申请挂牌的公司进行审查，并在自受理之日起10个交易日内出具首轮反馈意见；无须出具反馈意见的，提请召开审查职能部门质控会进行审议。申请公司、主办券商和其他中介机构应当逐一落实反馈意见，并在反馈意见要求的时间内（不超过10个交易日）提交书面回复文件。对反馈意见有疑问的，可通过电话、电子邮件等方式与审查职能部门进行沟通。如需延期回复的，应在回复截止日期前提交延期申请，说明延期原因并明确回复时间，延长期限最长不得超过30日。

申请公司、主办券商和其他中介机构提交书面回复文件后，审查职能部门召开质控会审议项目情况，经质控会审议认为仍需继续反馈的，在收到反馈回复之日起10个交易日内发出；经质控会审议认为无须继续反馈的，在履行全国股转系统内部程序后出具自律审查意见。

3. 出具同意挂牌的函或终止审查的决定

股东人数不超过200人的公司申请股票在全国股转系统挂牌，全国股转系统审查同意的，出具同意挂牌的函；股东人数超过200人的公司申请股票挂牌公开转让，全国股转系统审查同意的，出具同意挂牌公开转让的自律监管意见，并根据申请公司的委托，将自律监管意见、相关审查文件和公司申请文件报送中国证监会。中国证监会对公司的挂牌公开转让申请作出核准决定后，全国股转系统出具同意挂牌的函。全国股转系统审查不同意的，作出终止审查的决定。

公司申请挂牌的同时定向发行股票，且发行后股东累计不超过200人的，全国股转系统经审查同意，出具同意挂牌及发行的函。公司申请挂牌的同时定向发行股票，且发行后股东人数累计超过200人的，全国股转系统经审查同意，出具同意挂牌公开转让及发行的自律监管意见，并根据申请公司的委托，将自律监管意见、相关审查文件和公司申请文件报送中国证监会。中国证监会对公司的挂牌公开转让和发行申请作出核准决定后，全国股转系统出具同意挂牌的函。中国证监会在核准过程中对申请公司、主办券商和其他中介机构提出反馈意见的，由全国股转系统发出，相关主体应当自收到反馈意见5个交易日内提交书面回复文件。反馈意见涉及要求修改披露文件的，相关主体应当更新相关文件。

4. 认购、缴款、验资

申请挂牌的同时定向发行股票，公司应当在取得全国股转系统同意挂牌及发行的函后，或在中国证监会作出核准决定且取得全国股转系统同意挂牌的函后，按照《全国中小企业股份转让系统股票定向发行规则》等规定安排认购、缴款、验资等事项。

5. 首次信息披露

全国股转系统出具同意挂牌的函或同意挂牌及发行的函后，主办券商应当及时协助申请公司完成项目归档和首次信息披露。

6. 股票初始登记、挂牌

申请公司应当按照相关规定,根据股本情况编制和提交股票初始登记申请表,完成股票登记及挂牌手续。申请公司定向发行的,应当按照本次发行前和本次发行的股份情况编制股票初始登记申请表,并完成相关手续。

公司申请股票挂牌的同时定向发行的,应当在提交股票初始登记申请表的同时提交验资报告、募集资金专户三方监管协议、自愿限售申请(如有)、定向发行重大事项确认函等文件,并披露发行情况报告书、主办券商关于公司是否符合创新层条件的专项意见(如有)。

62. 新三板挂牌企业如何进入创新层? 创新层对挂牌公司有什么意义?

2017 年 12 月,为进一步完善全国股转系统的市场功能,降低投资人信息收集成本,提高风险控制能力,审慎推进市场创新,全国股转系统根据《国务院关于全国中小企业股份转让系统有关问题的决定》和《非上市公众公司监督管理办法》等有关规定,在新三板设置了基础层和创新层。2019 年 12 月,作为新三板改革的重要内容之一,全国股转系统在原基础层和创新层的基础上,又增加设置了精选层。2020 年 9 月 2 日,习近平总书记在 2021 年中国国际服务贸易交易会全球服务贸易峰会上的致辞中宣布新设立北京证券交易所,在北京证券交易所申请发行上市的公司应当为在全国股转系统连续挂牌满 12 个月的创新层挂牌公司。

创新层是新三板设置的一个挂牌层级,其在挂牌条件和披露规则上要严于基础层,低于精选层。申请挂牌公司符合挂牌条件,但不符合创新层条件未进入创新层的,或者自挂牌之日起进入基础层,或者挂牌后公司未进入创新层和精选层的,应当进入基础层。

挂牌公司进入创新层,有两种途径:一种是挂牌后先进入基础层,符合创新层条件时，全国股转系统于每年的 4 月 30 日启动挂牌公司所属市场层级定期调整工作时由基础层进入创新层；另一种是在挂牌时符合规定条件，自挂牌之日起直接进入创新层。

1. 由基础层转入创新层

挂牌公司从基础层转入创新层，在符合公司治理规范的前提下，还要符合净利润或营业收入或市值等条件之一，同时符合完成定向发行、合格投资者要求人数等要求。

挂牌公司进入创新层，应当符合下列条件之一：

(1)最近 2 年净利润均不低于 1000 万元，最近 2 年加权平均净资产收益率平均不低于 8%，股本总额不少于 2000 万元。

(2)最近 2 年营业收入平均不低于 6000 万元，且持续增长，年均复合增长率不低于 50%，股本总额不少于 2000 万元。

(3)最近有成交的 60 个做市或者集合竞价交易日的平均市值不低于 6 亿元，股本总额不少于 5000 万元；采取做市交易方式的，做市商家数不少于 6 家。

同时还应当符合下列条件：

(1)公司挂牌以来完成过定向发行股票(含优先股)，且发行融资金额累计不低于 1000 万元。

(2)符合全国股转系统公司基础层投资者适当性条件的合格投资者人数不少于 50 人。

(3)最近 1 年期末净资产不为负值。

(4)公司治理健全，制定并披露股东大会、董事会和监事会制度，对外投资管理制度，对外担保管理制度，关联交易管理制度，投资者关系管理制度，利润分配管理制度和承诺管理制度；设立董事会秘书，且其已取得全国股转系统挂牌公司董事会秘书任职资格。

(5)中国证监会和全国股转系统规定的其他条件。

挂牌公司或其他相关主体最近 12 个月内或层级调整期间出现下列情形之一的，挂牌公司不得进入创新层：

(1)挂牌公司或其控股股东、实际控制人存在贪污、贿赂、侵占财产、挪用财产或者破坏社会主义市场经济秩序的刑事犯罪；存在欺诈发行、重大信息披露违法或者其他涉及国家安全、公共安全、生态安全、生产安全、公众健康安全等领域的重大违法行为。

(2)挂牌公司或其控股股东、实际控制人、董事、监事、高级管理人员被中国证监会及其派出机构采取行政处罚;或因证券市场违法违规行为受到全国股转系统有限责任公司等自律监管机构公开谴责。

(3)挂牌公司或其控股股东、实际控制人、董事、监事、高级管理人员因涉嫌犯罪正被司法机关立案侦查或涉嫌违法违规正被中国证监会及其派出机构立案调查,尚未有明确结论意见。

(4)挂牌公司或其控股股东、实际控制人被列入失信被执行人名单且情形尚未消除。

(5)未按照全国股转系统规定在每个会计年度结束之日起4个月内编制并披露年度报告,或者未在每个会计年度的上半年结束之日起2个月内编制并披露半年度报告。

(6)最近2年财务会计报告被会计师事务所出具非标准审计意见的审计报告;仅根据《全国中小企业股份转让系统分层管理办法》第11条第2项规定标准进入创新层的,最近3年财务会计报告被会计师事务所出具非标准审计意见的审计报告。

(7)中国证监会和全国股转系统规定的其他情形。

2. 自挂牌之日起进入创新层

申请挂牌公司同时符合挂牌条件和下列条件的,自挂牌之日起进入创新层:

(1)最近2年净利润均不低于1000万元,最近2年加权平均净资产收益率平均不低于8%,股本总额不少于2000万元;或者最近2年营业收入平均不低于6000万元,且持续增长,年均复合增长率不低于50%,股本总额不少于2000万元;或者在挂牌时即采取做市交易方式,完成挂牌同时定向发行股票后,公司股票市值不低于6亿元,股本总额不少于5000万元,做市商家数不少于6家,且做市商做市库存股均通过本次定向发行取得。

(2)完成挂牌同时定向发行股票,且融资金额不低于1000万元。

(3)完成挂牌同时定向发行股票后,符合全国股转系统有限责任公司基础层投资者适当性条件的合格投资者人数不少于50人。

(4)最近1年期末净资产不为负值。

(5)公司治理健全,制定并披露股东大会、董事会和监事会制度,对外投资管理制度，对外担保管理制度，关联交易管理制度，投资者关系管理制度，利润分配管理制度和承诺管理制度；设立董事会秘书，且其已取得全国股转系统挂牌公司董事会秘书任职资格。

(6)挂牌公司或其他相关主体不存在下列情形之一：

①挂牌公司或其控股股东、实际控制人存在贪污、贿赂、侵占财产、挪用财产或者破坏社会主义市场经济秩序的刑事犯罪；存在欺诈发行、重大信息披露违法或者其他涉及国家安全、公共安全、生态安全、生产安全、公众健康安全等领域的重大违法行为。

②挂牌公司或其控股股东、实际控制人、董事、监事、高级管理人员被中国证监会及其派出机构采取行政处罚；或因证券市场违法违规行为受到全国股转系统有限责任公司等自律监管机构公开谴责。

③挂牌公司或其控股股东、实际控制人、董事、监事、高级管理人员因涉嫌犯罪正被司法机关立案侦查或涉嫌违法违规正被中国证监会及其派出机构立案调查，尚未有明确结论意见。

④挂牌公司或其控股股东、实际控制人被列入失信被执行人名单且情形尚未消除。

⑤未按照全国股转系统有限责任公司规定在每个会计年度结束之日起 4 个月内编制并披露年度报告，或者未在每个会计年度的上半年结束之日起 2 个月内编制并披露半年度报告。

⑥最近 2 年财务会计报告被会计师事务所出具非标准审计意见的审计报告；仅根据《全国中小企业股份转让系统分层管理办法》第 11 条第 2 项规定标准进入创新层的，最近 3 年财务会计报告被会计师事务所出具非标准审计意见的审计报告。

另外，全国股转系统对基础层和创新层在交易方面和信息披露等方面设置了不同的规则，实际上对投资者的吸引力是不同的，创新层的进入条件也预示着企业有更强的融资能力。在规则上两个层级的主要区别是：

(1)交易规则方面

基础层集合竞价股票，交易主机只在每个交易日的 9 时 30 分、10 时 30 分、11 时 30 分、14 时、15 时五个时间点对接受的买卖申报进行集中撮合。

创新层集合竞价股票，交易主机自 9 时 30 分起(含 9 时 30 分)每 10 分钟对接受的买卖申报进行集中撮合。

(2)信息披露方面

全国股转系统以精选层、创新层、基础层分层为基础,实施挂牌公司差异化的信息披露制度。创新层挂牌公司应当设立董事会秘书。基础层挂牌公司可以设立董事会秘书,不设立董事会秘书的,应当指定一名高级管理人员兼任信息披露事务负责人。

(3)公司治理方面

创新层挂牌公司发生的交易(除提供担保外)达到下列标准之一的,应当提交股东大会审议:

①交易涉及的资产总额(同时存在账面值和评估值的,以孰高为准)或成交金额占公司最近1个会计年度经审计总资产的50%以上;

②交易涉及的资产净额或成交金额占公司最近1个会计年度经审计净资产绝对值的50%以上,且超过1500万元的。

基础层挂牌公司只需要按照公司章程的规定对发生的交易事项履行审议程序,如公司章程未作约定,可以不提交股东大会审议,如公司章程有约定要求股东大会审议的,应按照约定提交审议。

(4)投资者关系管理方面

创新层挂牌公司应当建立投资者关系管理制度,指定董事会秘书担任投资者关系管理的负责人。

第二节 主板发行上市条件

63. 企业上市是不是非常难?

国家高度重视证券市场的发展,也鼓励符合条件的企业到证券市场发行上市。随着注册制的实施,发行股票并上市的条件更加透明,企业上市会变得越来越容易,不再是高不可攀的事情。只要企业的业务符合国家产业政策,并符合发行上市条件,都可以聘请证券公司、律师事务所、会计师事务所等证券服务机构向中国证监会或证券交易所提交申请材料。一般而言,核准制下企业整改并提交申报材料后,以前需要 2 年至 3 年的排队时间取得核准,随着注册制的实施,无论是报中国证监会审核的主板上市企业,还是报证券交易所审核的科创板、创业板企业,首次公开发行的审核时间都已经大大缩短。主板企业虽然没有实施注册制,但审核时间也大大缩短,一般在 1 年之内可以完成审核。目前科创板、创业板企业最快 3 个月内即可完成发行上市的审核工作,基本上可以在 5 个月左右完成审核及注册工作。企业上市挂牌难度也与企业本身的基础情况、对相关政策的解读、对上市挂牌的重视情况和所选服务机构专业程度有关。企业上市挂牌对企业来讲意义重大,需要企业和中介机构共同努力完成。只要企业符合发行上市的条件,并选择合适的中介机构,依照法律法规及相关规定完成流程,一般情况下即可达成目的。

64. 在主板上市企业发行上市的条件是什么?

根据《证券法》、《股票发行与交易管理暂行条例》和《首发上市管理办法》的有关规定,首发上市的有关条件与具体要求如下:

1. 主体资格

(1)申请首发上市的企业应当是依法设立且合法存续的股份有限公司。经国务院批准,有限责任公司在依法变更为股份有限公司时,可以采取募集设立的方式公开发行股票。

(2)申请首发上市的企业,自股份有限公司成立后,持续经营时间应当在 3 年以上,但经国务院批准的除外。有限责任公司按原账面净资产值折股整体变更为股份有限公司的,持续经营时间可以从有限责任公司成立之日起计算。

(3)申请首发上市的企业的注册资本已足额缴纳,发起人或者股东用作出资的资产的财产权转移手续已办理完毕,主要资产不存在重大权属纠纷。

(4)申请首发上市的企业的生产经营符合法律、行政法规和公司章程的规定,符合国家产业政策。

(5)最近3年内主营业务和董事、高级管理人员没有发生重大变化,实际控制人没有发生变更。

(6)股权清晰,控股股东和受控股股东、实际控制人支配的股东持有的股份不存在重大权属纠纷。

2. 规范运行

(1)申请首发上市的企业已经依法建立健全股东大会、董事会、监事会、独立董事、董事会秘书制度,相关机构和人员能够依法履行职责。

(2)董事、监事和高级管理人员已经了解与股票发行上市有关的法律法规,知悉上市公司及其董事、监事和高级管理人员的法定义务和责任。

(3)董事、监事和高级管理人员符合法律、行政法规和规章规定的任职资格,且不得有下列情形:①被中国证监会采取证券市场禁入措施尚在禁入期的;②最近36个月内受到中国证监会行政处罚,或者最近12个月内受到证券交易所公开谴责;③因涉嫌犯罪被司法机关立案侦查或者涉嫌违法违规被中国证监会立案调查,尚未有明确结论意见。

(4)申请首发上市的企业内部控制制度健全且被有效执行,能够合理保证财务报告的可靠性、生产经营的合法性、营运的效率与效果。

(5)申请首发上市的企业不得有下列情形:①最近36个月内未经法定机关核准,擅自公开或者变相公开发行过证券;或者有关违法行为虽然发生在36个月前,但目前仍处于持续状态。②最近36个月内违反工商、税收、土地、环保、海关以及其他法律、行政法规,受到行政处罚,且情节严重。③最近36个月内曾向中国证监会提出发行申请,但报送的发行申请文件有虚假记载、误导性陈述或重大遗漏;或者不符合发行条件以欺骗手段骗取发行核准;或者以不正当手段干扰中国证监会及其发审会审核工作;或者伪造、变造公司或其董事、监事、高级管理人员的签字、盖章。④本次报送的发行申请文件有虚假记载、误导性陈述或者重大遗漏。⑤涉嫌犯罪被司法机关立案侦查,尚未有明确结论意见。⑥严重损害投资者合法权益和社会公共利益的其他情形。

(6)公司章程中已明确对外担保的审批权限和审议程序,不存在为控股股东、实际控制人及其控制的其他企业进行违规担保的情形。

(7)公司有严格的资金管理制度,不得有资金被控股股东、实际控制人及其控制的其他企业以借款、代偿债务、代垫款项或者其他方式占用的情形。

3. 财务与会计要求

(1)申请首发上市的企业资产质量良好,资产负债结构合理,盈利能力较强,现金流量正常。

(2)公司的内部控制在所有重大方面是有效的,并由注册会计师出具了无保留结论的内部控制鉴证报告。

(3)公司会计基础工作规范,财务报表的编制符合企业会计准则和相关会计制度的规定,在所有重大方面公允地反映了公司的财务状况、经营成果和现金流量,并由注册会计师出具了无保留意见的审计报告。

(4)公司编制财务报表应以实际发生的交易或者事项为依据;在进行会计确认、计量和报告时应当保持应有的谨慎;对相同或者相似的经济业务,应选用一致的会计政策,不得随意变更。

(5)公司应完整披露关联方关系并按重要性原则恰当披露关联交易。关联交易价格公允,不存在通过关联交易操纵利润的情形。

(6)公司应当符合下列条件:①最近 3 个会计年度净利润均为正数且累计超过人民币 3000 万元,净利润以扣除非经常性损益前后较低者为计算依据。②最近 3 个会计年度经营活动产生的现金流量净额累计超过人民币 5000 万元;或者最近 3 个会计年度营业收入累计超过人民币 3 亿元。③发行前股本总额不少于人民币 3000 万元。④最近 1 期末无形资产(扣除土地使用权、水面养殖权和采矿权等后)占净资产的比例不高于 20%。⑤最近 1 期末不存在未弥补亏损。《证监会关于开展创新企业境内发行股票或存托凭证试点的若干意见》等规定认定的试点企业(以下简称试点企业),可不适用前款第 1 项和第 5 项的规定。

(7)依法纳税,各项税收优惠符合相关法律法规的规定。公司的经营成果对税收优惠不存在严重依赖。

(8)不存在重大偿债风险,不存在影响持续经营的担保、诉讼以及仲裁等重大或有事项。

(9)申报文件中不得有下列情形:①故意遗漏或虚构交易、事项或者其他重要信息;②滥用会计政策或者会计估计;③操纵、伪造或篡改编制财务报表所依据的会计记录或者相关凭证。

（10）公司不得有下列影响持续盈利能力的情形：①经营模式、产品或服务的品种结构已经或者将发生重大变化，并对公司的持续盈利能力构成重大不利影响；②公司行业地位或公司所处行业的经营环境已经或者将发生重大变化，并对公司的持续盈利能力构成重大不利影响；③公司最近 1 个会计年度的营业收入或净利润对关联方或者重大不确定性的客户存在重大依赖；④公司最近 1 个会计年度的净利润主要来自合并财务报表范围以外的投资收益；⑤公司在用的商标、专利、专有技术以及特许经营权等重要资产或技术的取得或者使用存在重大不利变化的风险；⑥其他可能对公司持续盈利能力构成重大不利影响的情形。

65. 主板目前实行注册制吗？

注册制是我国证券市场改革的方向。目前我国实施注册制改革的板块是上海证券交易所的科创板和深圳证券交易所的创业板以及北京证券交易所的上市板块，主板还没有实施注册制，因此，主板的发行审核职责仍在中国证监会。2020 年 10 月 31 日，国务院金融稳定发展委员会已经重磅定调，要全面实行股票发行注册制。可以预见，主板也会很快实施注册制。

第三节　科创板发行上市条件

66. 在科创板首发上市的条件是什么？

依据《科创板首发注册办法》、《上海证券交易所科创板股票发行上市审核规则》和《上海证券交易所科创板企业发行上市申报及推荐暂行规定》（以下简称《科创板推荐规定》）的规定，科创板发行上市的条件可以归纳为以下几个方面：

1. 企业定位。《科创板首发注册办法》第 3 条规定，发行人申请首次公开发行股票并在科创板上市，应当符合科创板定位，面向世界科技前沿、面向经济主战场、面向国家重大需求。优先支持符合国家战略，拥有关键核心技术，科技创新能力突出，主要依靠核心技术开展生产经营，具有稳定的商业模式，市场认可度高，社会形象良好，具有较强成长性的企业。从规定来看，企业的科技创新能力是重心，要求科创板企业符合国家战略，具有核心技术，科技创新能力突出。

《科创板推荐规定》进一步明确："科创板优先支持符合国家科技创新战略、拥有关键核心技术等先进技术、科技创新能力突出、科技成果转化能力突出、行业地位突出或者市场认可度高等的科技创新企业发行上市。""限制金融科技、模式创新企业在科创板发行上市。禁止房地产和主要从事金融、投资类业务的企业在科创板发行上市。"《科创板推荐规定》指出，申报科创板发行上市的发行人，应当属于新一代信息技术、高端装备、新材料、新能源、节能环保、生物医药等领域的高新技术产业和战略性新兴产业。

2. 持续经营时间。企业持续经营时间为 3 年以上，主体是股份有限公司，具备健全且运行良好的组织机构，相关机构和人员能够依法履行职责。

3. 会计基础工作规范。会计基础工作是会计工作的基本环节，也是企业管理工作的重要基础。会计基础工作规范应包括两个方面：一是财务报表的编制和披露需应符合企业会计准则和相关信息披露的规定；二是企业的内部控制制度健全且得到有效执行。两者相辅相成，是企业持续经营的基本保障。

4. 持续经营能力。《科创板首发注册办法》第 12 条规定，发行人业务完整，具有直接面向市场独立持续经营的能力：(1)资产完整，业务及人员、财务、机构独立，与控股股东、实际控制人及其控制的其他企业间不存在对发行人构成重大不利影响的同业竞争，不存在严重影响独立性或者显失公平的关联交易。(2)发行人主营业务、控制权、管理团队和核心技术人员稳定，最近 2 年内主营业务和董事、高级管理人员及核心技术人员均没有发生重大不利变化；控股股东和受控股股东、实际控制人支配的股东所持发行人的股份权属清晰，最近 2 年实际控制人没有发生变更，不存在导致控制权可能变更的重大权属纠纷。(3)发行人不存在主要资产、核心技术、商标等的重大权属纠纷，重大偿债风险，重大担保、诉讼、仲裁等或有事项,经营环境已经或者将要发生重大变化等对持续经营有重大不利影响的事项。从规定来看,独立性、稳定性和权属清晰是影响持续经营能力的3个主要方面。

5. 合法性。《科创板首发注册办法》规定,最近3年内,发行人及其控股股东、实际控制人不存在贪污、贿赂、侵占财产、挪用财产或者破坏社会主义市场经济秩序的刑事犯罪,不存在欺诈发行、重大信息披露违法或者其他涉及国家安全、公共安全、生态安全、生产安全、公众健康安全等领域的重大违法行为。董事、监事和高级管理人员不存在最近3年内受到中国证监会行政处罚,或者因涉嫌犯罪被司法机关立案侦查或者涉嫌违法违规被中国证监会立案调查,尚未有明确结论意见等情形。根据规定来看,合法性主体分为三个层面:一是企业自身;二是企业的控股股东、实际控制人;三是企业的董事、监事和高级管理人员。任何一个层面的违法违规行为都可能构成科创板上市的障碍。

6. 财务指标。企业在创业板发行上市,发行后股本总额或存托凭证总份数不低于3000万元,公司发行的股份或存托凭证对应基础股份达到公司股份总数的25%以上;公司股本总额超过4亿元的,公开发行股份或存托凭证对应基础股份的比例为10%以上。

7. 市值要求。《上海证券交易所科创板股票上市规则》《上海证券交易所科创板股票发行上市审核规则》以预计市值为中心,结合净利润、营业收入、研发投入和经营活动产生的现金流量等财务指标,设置了多套上市标准。预计市值标准要求企业具有投资价值,是从投资者角度设定的,实际上对企业提出了更高的要求,企业要想发行成功,需要得到投资者的高度认可。企业的关键核心技术的含金量及持续经营的可靠性等都将成为投资者给予高估值的重心。

《上海证券交易所科创板股票上市规则》第2.1.2条、《上海证券交易所科创板股票发行上市审核规则》第22条规定了发行人申请股票在科创板首次发行上市的市值条件,科创板上市企业应当至少符合下列上市标准中的一项:

(1)预计市值不低于人民币10亿元,最近2年净利润均为正且累计净利润不低于人民币5000万元,或者预计市值不低于人民币10亿元,最近1年净利润为正且营业收入不低于人民币1亿元;

(2)预计市值不低于人民币15亿元,最近1年营业收入不低于人民币2亿元，且最近3年累计研发投入占最近3年累计营业收入的比例不低于15%；

（3）预计市值不低于人民币20亿元，最近1年营业收入不低于人民币3亿元，且最近3年经营活动产生的现金流量净额累计不低于人民币1亿元；

（4）预计市值不低于人民币30亿元，且最近1年营业收入不低于人民币3亿元；

（5）预计市值不低于人民币40亿元，主要业务或产品需经国家有关部门批准，市场空间大，目前已取得阶段性成果。医药行业企业需至少有一项核心产品获准开展二期临床试验，其他符合科创板定位的企业需具备明显的技术优势并满足相应条件。

《上海证券交易所科创板股票上市规则》第2.1.3条、《上海证券交易所科创板股票发行上市审核规则》第23条规定了创新企业境内发行股票和存托凭证在科创板上市的条件，符合《国务院办公厅转发证监会关于开展创新企业境内发行股票或存托凭证试点若干意见的通知》（国办发〔2018〕21号）相关规定的红筹企业，可以申请发行股票或存托凭证并在科创板上市。营业收入快速增长，拥有自主研发、国际领先技术，同行业竞争中处于相对优势地位的尚未在境外上市红筹企业，申请发行股票或存托凭证并在科创板上市的，市值及财务指标应当至少符合下列上市标准中的一项，发行人的招股说明书和保荐人的上市保荐书应当明确说明所选择的具体上市标准：

（1）预计市值不低于人民币100亿元；

（2）预计市值不低于人民币50亿元，且最近1年营业收入不低于人民币5亿元。

这里所提到的营业收入快速增长，指符合下列标准之一：

（1）最近1年营业收入不低于人民币5亿元的，最近3年营业收入复合增长率10%以上；

（2）最近1年营业收入低于人民币5亿元的，最近3年营业收入复合增长率20%以上；

（3）受行业周期性波动等因素影响，行业整体处于下行周期的，发行人最近3年营业收入复合增长率高于同行业可比公司同期平均增长水平。

处于研发阶段的红筹企业和对国家创新驱动发展战略有重要意义的红筹企业，不适用“营业收入快速增长”上述要求。

《上海证券交易所科创板股票上市规则》第2.1.4条、《上海证券交易所科创板股票发行上市审核规则》第24条规定了存在表决权差异安排的发行人申请股票或者存托凭证首次公开发行并在科创板上市的条件。发行人存在表决权差异申请在科创板首发上市时,应当至少符合下列上市标准中的一项,发行人的招股说明书和保荐人的上市保荐书应当明确说明所选择的具体上市标准:

(1)预计市值不低于人民币100亿元;

(2)预计市值不低于人民币50亿元,且最近1年营业收入不低于人民币5亿元。

以上这些规定是在科创板发行上市时需要达到的市值要求,市值要求代表着投资者对企业价值的判断,是发行更加市场化的体现。企业能否成功实现在科创板上市,除符合中国证监会和上海证券交易所规定的条件外,还取决于投资者在科创板发行时对企业的估值。

67. 如何界定企业的科创属性?

为了帮助企业更好地把握科创属性,中国证监会于2020年3月发布、2021年4月修正的《科创属性评价指引(试行)》,对如何评价企业的科创属性作出了规定。

《科创属性评价指引(试行)》规定,支持和鼓励科创板定位规定的相关行业领域中,同时符合下列4项指标的企业申报科创板上市:

(1)最近3年研发投入占营业收入比例5%以上,或最近3年研发投入金额累计在6000万元以上;

(2)研发人员占当年员工总数的比例不低于10%;

(3)形成主营业务收入的发明专利5项以上;

(4)最近3年营业收入复合增长率达到20%,或最近1年营业收入金额达到3亿元。

采用《上海证券交易所科创板股票发行上市审核规则》第22条第5款规定的上市标准申报科创板的企业可不适用上述第4项指标中关于“营业收入”的规定；软件行业不适用上述第3项指标的要求，研发占比应在10%以上。

《科创板推荐规定》进一步规定：

(1)最近3年累计研发投入占最近3年累计营业收入比例5%以上，或者最近3年研发投入金额累计在6000万元以上；其中，软件企业最近3年累计研发投入占最近3年累计营业收入比例10%以上。

(2)研发人员占当年员工总数的比例不低于10%。

(3)形成主营业务收入的发明专利(含国防专利)5项以上，软件企业除外。

(4)最近3年营业收入复合增长率达到20%，或者最近1年营业收入金额达到3亿元。采用《上海证券交易所科创板股票发行上市审核规则》第22条第2款第5项上市标准申报科创板发行上市的发行人除外。

支持和鼓励科创板定位规定的相关行业领域中，虽未达到前述指标，但符合下列情形之一的企业申报科创板发行上市：

(1)发行人拥有的核心技术经国家主管部门认定具有国际领先、引领作用或者对于国家战略具有重大意义；

(2)发行人作为主要参与单位或者发行人的核心技术人员作为主要参与人员，获得国家科技进步奖、国家自然科学奖、国家技术发明奖，并将相关技术运用于公司主营业务；

(3)发行人独立或者牵头承担与主营业务和核心技术相关的国家重大科技专项项目；

(4)发行人依靠核心技术形成的主要产品(服务)，属于国家鼓励、支持和推动的关键设备、关键产品、关键零部件、关键材料等，并实现了进口替代；

(5)形成核心技术和主营业务收入的发明专利(含国防专利)合计50项以上。

企业在申报前，可以根据《科创属性评价指引(试行)》的规定，对企业的科创属性进行评价，如果企业符合上述规定，则其在科创板发行上市会更加受到投资者的青睐。

68. 《上海证券交易所科创板股票上市规则》设置了多套上市标准，发行人如何选择适用？

为增强科创板的包容性，《上海证券交易所科创板股票上市规则》以市值为中心，结合净利润、营业收入、研发投入和经营活动产生的现金流量等财务指标，设置了多套上市标准。

1. 发行人应当选择一项具体上市标准

根据《上海证券交易所科创板股票发行上市审核规则》的相关规定，发行人申请股票首次公开发行并在科创板上市的，应当在相关申请文件中明确说明所选择的一项具体上市标准，即《上海证券交易所科创板股票上市规则》第 2.1.2 条中规定的五项标准之一。红筹企业应选择《上海证券交易所科创板股票上市规则》第 2.1.3 条规定的标准之一。具有表决权差异安排的发行人应选择《上海证券交易所科创板股票上市规则》第 2.1.4 条规定的标准之一。

发行人应当结合自身财务状况、公司治理特点、发展阶段以及上市后的持续监管要求等因素，在保荐机构的专业指导下，审慎选择适当的上市标准。

保荐机构应当为发行人选择适当的上市标准提供专业指导，审慎推荐，并在上市保荐书中就发行人选择的上市标准逐项说明适用理由。其中对预计市值指标，应当结合发行人报告期外部股权融资情况、可比公司在境内外市场的估值情况等进行说明。

2. 发行人申请上市标准变更的处理

科创板股票上市委员会召开审议会议前，发行人因更新财务报告等情形导致不再符合申报时选定的上市标准，需要变更为其他标准的，应当及时向交易所提出申请，说明原因并更新相关文件；不再符合任何一项上市标准的，可以撤回发行上市申请。

第四节　创业板发行上市条件

69. 创业板发行上市的条件是什么？

根据《创业板首发注册办法》《深圳证券交易所创业板股票上市规则》的规定，创业板发行上市的条件分为以下几个方面：

1. 公司主体资格

在创业板上市的公司，应当是依法设立并经营3年以上的股份有限公司。有限责任公司按净资产原始账面价值折算为股份有限公司的，连续经营期限自有限责任公司成立之日起计算。

2. 公司治理结构

具备健全且运行良好的组织机构，相关机构和人员能够依法履行职责公司。

3. 会计核算及内部控制制度的规范性

发行人会计基础工作规范，财务报表的编制和披露符合企业会计准则和相关信息披露规则的规定，在所有重大方面公允地反映发行人的财务状况、经营成果和现金流量，最近3年财务会计报告由注册会计师出具无保留意见的审计报告。发行人内部控制制度健全且被有效执行，能够合理保证公司运行效率、合法合规和财务报告的可靠性，并由注册会计师出具无保留结论的内部控制鉴证报告。

4. 持续经营能力

发行人业务完整，具有直接面向市场独立持续经营的能力：

(1)资产完整，业务及人员、财务、机构独立，与控股股东、实际控制人及其控制的其他企业间不存在对发行人构成重大不利影响的同业竞争，不存在严重影响独立性或者显失公平的关联交易。

(2)主营业务、控制权和管理团队稳定，最近2年内主营业务和董事、高级管理人员均没有发生重大不利变化；控股股东和受控股股东、实际控制人支配的股东所持发行人的股份权属清晰，最近2年实际控制人没有发生变更，不存在导致控制权可能变更的重大权属纠纷。

（3）不存在涉及主要资产、核心技术、商标等的重大权属纠纷，重大偿债风险，重大担保、诉讼、仲裁等或有事项，经营环境已经或者将要发生重大变化等对持续经营有重大不利影响的事项。

5. 合法性要求

发行人的生产经营符合法律、行政法规的规定，符合国家产业政策。最近3年内，发行人及其控股股东、实际控制人不存在贪污、贿赂、侵占财产、挪用财产或者破坏社会主义市场经济秩序的刑事犯罪，不存在欺诈发行、重大信息披露违法或者其他涉及国家安全、公共安全、生态安全、生产安全、公众健康安全等领域的重大违法行为。

董事、监事和高级管理人员最近3年内未受到中国证监会的行政处罚，或者因涉嫌犯罪正在被司法机关立案侦查，或者涉嫌违法违规正在被中国证监会立案调查且尚未有明确结论意见等情形。

6. 财务指标

企业在创业板发行上市，发行后股本总额或存托凭证总份数不低于3000万元，公司发行的股份或存托凭证对应基础股份达到公司股份总数的25%以上；公司股本总额超过4亿元的，公开发行股份或存托凭证对应基础股份的比例为10%以上。

7. 市值要求

发行人申请股票在创业板首次发行上市的，应当至少符合下列上市标准中的一项，发行人的招股说明书和保荐人的上市保荐书应当明确说明所选择的具体上市标准：

（1）最近2年净利润均为正，且累计净利润不低于人民币5000万元；

（2）预计市值不低于人民币10亿元，最近1年净利润为正且营业收入不低于人民币1亿元；

（3）预计市值不低于人民币50亿元，且最近1年营业收入不低于人民币3亿元。

红筹企业在创业板发行上市，应当至少符合下列上市标准中的一项，发行人的招股说明书和保荐人的上市保荐书应当明确说明所选择的具体上市标准：

(1)预计市值不低于人民币100亿元,且最近1年净利润为正；

(2)预计市值不低于人民币50亿元,最近1年净利润为正且营业收入不低于人民币5亿元。

存在表决权差异安排的企业,市值及财务指标应当至少符合下列上市标准中的一项,发行人的招股说明书和保荐人的上市保荐书应当明确说明所选择的具体上市标准：

(1)预计市值不低于人民币100亿元,且最近1年净利润为正；

(2)预计市值不低于人民币50亿元,最近1年净利润为正且营业收入不低于人民币5亿元。

企业到创业板上市,要对照上述条件,确定是否符合创业板的定位及市值等财务要求,如果已经聘请证券服务机构,也可以由证券服务机构协助企业进行评估,从而确定企业是否符合创业板发行上市要求。

70. 创业板的定位是什么？

根据《创业板首发注册办法》,创业板定位于深入贯彻创新驱动发展战略,适应发展更多依靠创新、创造、创意的大趋势,主要服务成长型创新创业企业,支持传统产业与新技术、新产业、新业态、新模式深度融合。在企业定位上,创业板更多地倾向于成长型的企业,在科技投入方面,虽未像科创板方面作出明确的要求,但并不代表着创业板企业的科技属性就低于科创板,尤其是创业板定位中着重强调支持传统产业与新技术、新产业、新业态、新模式深度整合。在我国现阶段企业会有更多的机会进入创业板上市。

71.

如何选择适用《深圳证券交易所创业板股票上市规则》的上市市值标准？

《深圳证券交易所创业板股票上市规则》以市值为中心，设置了多套上市标准。企业在申请上市时，要选择一项具体的上市标准。发行人应当结合自身财务状况、公司治理特点、发展阶段以及上市后的持续监管要求等因素，在保荐机构的专业指导下，审慎选择适当的上市标准。

创业板股票上市委员会召开审议会议前，发行人因更新财务报告等情形导致不再符合申报时选定的上市标准，需要变更为其他标准的，应当及时向交易所提出申请，说明原因并更新相关文件；不再符合任何一项上市标准的，可以撤回发行上市申请。

第五节　北京证券交易所发行上市条件

72.

在北京证券交易所发行上市的条件是什么？

根据《北京证券交易所向不特定合格投资者公开发行股票注册管理办法（试行）》的规定，在北京证券交易所发行上市的公司须具备以下条件：

（1）发行人应当为在全国股转系统连续挂牌满12个月的创新层挂牌公司。

（2）发行人申请公开发行股票，应当符合下列规定：

①具备健全且运行良好的组织机构；

②具有持续经营能力，财务状况良好；

③最近3年财务会计报告无虚假记载，被出具无保留意见审计报告；

④依法规范经营。

(3)发行人及其控股股东、实际控制人存在下列情形之一的，发行人不得公开发行股票：

①最近3年内存在贪污、贿赂、侵占财产、挪用财产或者破坏社会主义市场经济秩序的刑事犯罪；

②最近3年内存在欺诈发行、重大信息披露违法或者其他涉及国家安全、公共安全、生态安全、生产安全、公众健康安全等领域的重大违法行为；

③最近1年内受到中国证监会行政处罚。

(4)市值要求

北京证券交易所在建设思路上，总体平移精选层各项基础制度，根据目前《全国中小企业股份转让系统分层管理办法》的规定，在全国股转系统挂牌的创新层公司申请在北京证券交易所发行上市的，大致应当符合下列条件之一：

①市值不低于2亿元，最近2年净利润均不低于1500万元且加权平均净资产收益率平均不低于8%，或者最近1年净利润不低于2500万元且加权平均净资产收益率不低于8%；

②市值不低于4亿元，最近2年营业收入平均不低于1亿元，且最近1年营业收入增长率不低于30%，最近1年经营活动产生的现金流量净额为正；

③市值不低于8亿元，最近1年营业收入不低于2亿元，最近2年研发投入合计占最近2年营业收入合计比例不低于8%；

④市值不低于15亿元，最近2年研发投入合计不低于5000万元。

前款所称市值是指以挂牌公司向不特定合格投资者公开发行价格计算的股票市值。

同时还应当符合下列条件：

①最近1年期末净资产不低于5000万元；

②公开发行的股份不少于100万股，发行对象不少于100人；

③公开发行后，公司股本总额不少于3000万元；

④公开发行后，公司股东人数不少于200人，公众股东持股比例不低于公司股本总额的25%；公司股本总额超过4亿元的，公众股东持股比例不低于公司股本总额的10%；

⑤中国证监会和全国股转公司规定的其他条件。

73. 我们的企业适合在哪里上市或挂牌?

资本市场虽然是一个相对开放的市场,但对于拟上市挂牌的公司而言,并不是每一个市场都适合,应根据公司实际情况以及自身的发展目标和诉求慎重选择市场,可以从以下几个方面考虑。

1. 估值水平。估值水平决定了公司上市时的融资额。对于大公司、高成长性的公司以及新兴行业的公司,境外市场一般都能给予较大的估值。另外,不同行业在不同市场的估值水平差异也较大,如 A 股市场的整体估值水平较国际主要市场偏高。

2. 上市时间和费用支出。企业均希望低成本高收益,上市时间的长短直接影响企业成本支出及重大业务发展机会。如果从上市时间的可控性来看,境外市场的优势明显;从国内证券市场注册制实施情况来看,境内证券交易所审核的节奏已与境外相差不大;而从上市费用支出来看,境内市场的优势更加显著。企业选择时要进行评估,慎重选择上市地。

3. 行业角度。行业不同,市场的准入门槛则不同,扶持力度也不同。企业应当根据政策导向和自身需求,参考自身上市目标和实际条件选择合适的市场上市挂牌。有些市场对企业所在行业有偏好,可能会给出更高的估值,企业在上市时应综合考虑这些因素。

4. 企业定位。境内科创板和创业板都规定了上市企业的定位。如果企业符合科创板或创业板的定位,可以考虑在科创板或创业板上市,但如果企业不符合这两个板块的定位,则要对照主板的规定,看企业是否符合发行上市的条件。企业规模较小时,可以对照北京证券交易所的发行上市条件,如果满足要求,可以先申请到全国股转系统挂牌进入创新层持续挂牌一年后,申请到北京证券交易所上市。

第五章　上市服务机构

74. 境内上市时需要聘请哪些服务机构？

境内企业发行上市一般需要聘请以下中介机构：保荐机构（又称保荐人，由具有保荐资格的证券公司担任，保荐机构在发行上市准备的不同阶段可能担任不同的角色，如财务顾问、辅导机构、保荐人、承销商等）、律师事务所、会计师事务所、资产评估机构、承销机构等，承销机构一般由保荐机构即保荐人担任，发行规模很大时，也可由保荐人与其他承销机构共同组成承销团承销。

75. 财务顾问是怎么回事？

在企业发行上市时，需要聘请保荐人、承销商、上市律师和会计师等，并未明确约定必须聘请财务顾问，但很多企业上市前会考虑聘请财务顾问，财务顾问和上市律师、会计师一起对企业的问题进行梳理。

现实中，实际上有两类机构担任财务顾问的角色。一类是聘请保荐人担任财务顾问，对企业是否符合发行上市条件进行评估，了解企业是否存在影响发行上市的重大障碍并制定整改方案，和上市律师、会计师共同制订上市计划，提供上市策划等服务。由证券公司担任财务顾问的角色一般是阶段性的。另一类是一些市场上具备指导企业上市经验的专业服务机构担任财务顾问。为拟上市的企业提供上市策划、财务咨询、资产重组、收购兼并、风险投资、融资服务、审计等服务。此类机构由于人员的专业能力不同,在服务质量上参差不齐,企业在选择此类机构时一定要关注其专业人员的过往经验及过往业绩情况,如此类专业服务机构中的项目负责人具备在证券公司从事投行业务经历,或者多年从事上市律师、会计师的工作,那么对于企业的前期问题梳理及整改会有帮助,否则最好还是聘请证券公司担任企业的财务顾问为宜。

由于境内发行上市和境外发行上市的规则设计不同,境内并未要求企业上市时一定要聘请财务顾问,实际上保荐人承担了财务顾问的角色。但境外上市时一般都需要聘请财务顾问。

76. 辅导机构是怎么回事?

《证券发行上市保荐业务管理办法》规定,保荐机构在推荐发行人首发上市前,应当对发行人进行辅导。辅导内容包括对发行人的董事、监事和高级管理人员、持有5%以上股份的股东和实际控制人(或者其法定代表人)进行系统的法规知识、证券市场知识培训,使其全面掌握发行上市、规范运作等方面的法律法规和规则,知悉信息披露和履行承诺等方面的责任和义务,树立进入证券市场的诚信意识、自律意识和法制意识,以及中国证监会规定的其他事项。

上市辅导实际是由保荐机构,即证券公司对拟发行股票并上市的股份有限公司进行的规范化培训、辅导以及指导企业上市问题的整改。发行与上市辅导机构由符合条件并担任发行人保荐人的证券公司担任,原则上应当与代理该公司发行股票的主承销商为同一证券经营机构。拟上市公司与证券经营机构签订辅导协议共同推进股票发行上市。

拟公开发行股票的股份有限公司在提出股票发行申请前,均须由具有主承销资格的证券公司进行辅导,辅导工作开始前10个工作日内,辅导机构应当向中国证监会派出机构提交以下材料:(1)辅导机构及辅导人员的资格证明文件;

(2)辅导协议;(3)辅导计划;(4)拟发行公司基本情况资料表;(5)最近2年经审计的财务报告(资产负债表、损益表、现金流量表等)。辅导内容主要包括以下方面:

(1)股份有限公司设立及其历次演变的合法性、有效性;

(2)股份有限公司人事、财务、资产及供产销系统的独立完整性;

(3)对公司董事、监事、高级管理人员及持有5%以上(含5%)股份的股东(或其法人代表)进行《公司法》《证券法》等有关法律法规的培训;

(4)建立健全股东大会、董事会、监事会等组织机构,并实现规范运作;

(5)依照股份公司会计制度建立健全公司财务会计制度;

(6)建立健全公司决策制度和内部控制制度,实现有效运作;

(7)建立健全符合上市公司要求的信息披露制度;

(8)规范股份公司和控股股东及其他关联方的关系;

(9)公司董事、监事、高级管理人员及持有5%以上(含5%)股份的股东持股变动情况是否合规。

77. 保荐人是怎么回事?

保荐人是指企业上市的推荐人,我国实行发行上市保荐的意义在于对发行人发行上市过程中信息披露的真实性、完整性、准确性提供保证,并承担相应的责任。《证券法》第10条规定:发行人申请公开发行股票、可转换为股票的公司债券,依法采取承销方式的,或者公开发行法律、行政法规规定实行保荐制度的其他证券的,应当聘请具有保荐资格的机构担任保荐人。保荐人应当遵守业务规则和行业规范,诚实守信,勤勉尽责,对发行人的申请文件和信息披露资料进行审慎核查,督导发行人规范运作。保荐人的资格及其管理办法由国务院证券监督管理机构规定。

企业要想在主板、创业板或科创板上市必须要有保荐人的保荐。保荐人的职责就是协助上市申请人进行上市申请,负责对申请人的有关文件仔细审核和披露,并承担相应的责任,保荐人在公开、公平、公正、规范、自愿的原则下,在证券交易所核准的范围内从事业务,不得擅自超越业务范围、业务权限。

78. 新三板挂牌中的推荐机构是怎么回事?

主办券商是新三板挂牌时为挂牌公司提供相关服务的证券公司。主办券商在性质上与证券交易所发行上市时的保荐人性质类似,其应对挂牌公司信息披露真实性、完整性及准确性提供保证,并承担持续督导责任。根据《全国中小企业股份转让系统主办券商管理细则(试行)》的规定,证券公司在全国股转系统开展相关业务前,应当向全国股转系统有限责任公司申请备案,成为主办券商。根据《全国中小企业股份转让系统业务规则(试行)》的规定,申请挂牌公司应当与主办券商签订推荐挂牌并持续督导协议,按照全国股转系统有限责任公司的有关规定编制申请文件,并向全国股转系统有限责任公司申报。

79. 律师事务所在企业上市过程中要做哪些工作?

企业上市必须聘请律师事务所,律师事务所在企业上市过程中主要是对企业的合法性及规范性进行审查,并出具法律意见书及律师工作报告,法律意见书及律师工作报告是提交发行申报材料中的必备文件。律师事务所在上市过程中的主要工作是:

1. 对改制重组方案的合法性进行论证;
2. 指导设立或变更为股份有限公司;
3. 协助和指导发行人制定法人治理规范运作的相关制度并遵照执行;
4. 对企业发行上市涉及的法律事项进行审查,并协助企业进行规范、调整和完善；

5. 对发行主体的历史沿革、股权结构、资产、组织机构运作、独立性、税务等法律事项的合法性作出判断；

6. 对股票发行上市的各种法律文件的合法性进行判断；

7. 协助和指导发行人起草公司章程等公司法律文件；

8. 出具法律意见书；

9. 出具律师工作报告；

10. 出具相关资产产权证书的鉴证意见；

11. 对有关申请文件提供鉴证意见。

律师事务所为企业提供上市服务，没有证券业务资格的限制，因此任何一家合法成立的律师事务所都可以承办上市业务。企业在聘请律师事务所时，要关注律师事务所指派律师的专业能力。

80. 会计师事务所在企业上市过程中要做哪些工作？

企业上市必须聘请会计师事务所承担出具审计报告的职责。会计师事务所在企业上市中的主要工作有：

1. 负责企业财务报表审计，并出具上市报告期的审计报告；

2. 负责企业资本验证，并出具有关验资报告或者验资复核报告；

3. 负责企业盈利预测报告审核，并出具盈利预测审核报告；

4. 负责企业内部控制鉴证，并出具内部控制鉴证报告；

5. 负责核验企业的非经常性损益明细项目和金额；

6. 对发行人主要税种纳税情况出具专项意见。

2019 年 12 月，《证券法》修订前，会计师事务所参与证券市场发行上市企业的审计工作必须具有证券从业资格；《证券法》修订后，对会计师参与上市审计工作不再要求必须具备证券从业资格。按照中国证监会发布的《证券服务机构从事证券服务业务备案管理规定》，证券服务机构从事证券服务业务应履行备案。但企业在聘请审计机构时，仍需重视会计师事务所从事证券审计的工作经验，避免因经验不足影响上市的审计工作。

81. 资产评估机构在企业上市过程中要做什么？

企业上市需要聘请资产评估机构。资产评估机构在企业上市过程中的工作主要是对企业的资产进行评估，确定企业的资产价值，尤其是评估企业在改制时注册资本是否充足。

《首发上市管理办法》第 10 条规定，“发行人的注册资本已足额缴纳”，科创板和创业板未明确规定发行人的注册资本足额缴纳情况，但按照《公司法》的规定，股份有限公司的注册资本必须足额缴纳。资产评估机构的工作主要是确认股份有限公司的注册资本缴纳是否足额，一般表现在有限公司整体改制变更为股份有限公司时对企业资产价值的评估，以确定企业的净资产价值不低于企业的股本价值。如果企业改制为股份有限公司较早或改制时没有聘请资产评估机构对净资产价值进行评估确认，则需要聘请资产评估机构对改制时的净资产价值进行评估，确认改制时的净资产价值不低于企业的股本价值。

和会计师事务所一样，2019 年 12 月《证券法》修订前，参与企业上市评估业务的资产评估机构应具有证券从业资格，《证券法》修订后，资产评估机构参与企业上市评估业务，不再要求证券从业资格，但要履行证券业务备案程序。

82. 企业要上市，应该如何选择聘请上市服务机构？

企业上市必须聘请的中介机构主要有三家：券商（包括保荐人和承销商两种，通常为同一家券商）、会计师事务所、律师事务所。另外，根据实际需要还可能需要聘请资产评估机构、咨询机构等其他中介机构。

1. 如何选择券商。企业应选择实力强、信誉好、经验丰富、精力充沛的券商团队,可以通过券商工作团队以往的工作质量、诚信情况、服务标准、从业人员情况、成功案例进行判断和选择。注册制实行市场化发行,对承销商的承销能力提出了更高的要求,因此,企业应事先考虑券商承销方面的资源。

2. 如何选择会计师事务所。会计师的作用相对独立,其作用主要是财务审计,另外,还要对公司的盈利预测以及内部控制出具专业意见。选择会计师事务所主要考虑项目主办人相关的从业经验、团队带头人的业务能力以及工作态度、工作效率等方面。

3. 如何选择律师事务所。律师的作用是协助公司制定改制上市方案,解决上市过程中出现的法律问题,负责完成公司上市需要的法律文书,并在申报材料中出具法律意见书和律师工作报告等。选择律师可以从项目主办律师的专业能力、资历、律师的沟通能力、信任度、团队从业经验等方面考虑。

83. 境外上市要聘请哪些上市服务机构?

境外上市也需要聘请中介服务机构,各中介机构在申请上市过程中各司其职,主要聘请下列机构:

1. 财务顾问/融资顾问。为企业提供资本运作中重大事项的专业建议;进行前期尽职调查,初步制订上市方案及上市构架,制订整体的工作程序及排期;帮助企业按照国际会计准则重组,组织财务理账,使公司的财务符合国际会计准则并为境外审计机构所接受;帮助企业选择确定其他中介机构;帮助企业在整个运作中协调中介机构,协助与交易所及监管当局的联络;协助企业完成其他中介机构出具文件外的相关文件的起草和制作,帮助企业审查上市过程中的重大协议及合同条款;协助公司实现外资并购所需资金的融通,为企业安排战略投资者;向投资者推介并安排承销团承销。

2. 保荐人。不同的证券交易所的规定有所不同。在香港证券交易所发行上市，需要聘请保荐人，保荐人由投资银行担任。保荐人的任务贯穿整个上市过程，包括为新申请人筹备上市事宜和进行上市辅导，全面审慎调查，初步审核、参与上市文件的制作，代表新申请人将正式上市申请的表格或与买壳上市一切有关的文件向交易所和监管机构申报，并解答和处理交易所与监管机构就申请事宜所提出的一切问题，发行定价和股票分销。

3. 申报及审计会计师。境外会计师须具备上市地证券监管部门认可的注册会计师资格，该等专业会计师须独立于发行人，负责审核公司的财务记录及财务状况，并根据相关会计准则及监管指引出具会计师报告。

4. 律师。境外上市涉及境内外双边法律事务，公司和承销商应分别聘请中国律师和证券交易所所在国（地区）律师，因此，在境外上市一般可能会有四家律师事务所为企业提供法律服务，分别为公司的中国律师和证券交易所所在国（地区）律师、承销商的中国律师和证券交易所所在国（地区）律师，这些律师分别承担不同的工作。律师根据尽职调查结果和上市具体方案及相关文件，遵照境内外双边各个相关司法管辖区的法律出具相关法律意见书，并与保荐人及申报会计师就新申请人须进行的上市事宜提供法律服务。

5. 承销商。境外发行时，由保荐人组织证券公司、融资公司组成承销团，负责证券发售，并包销投资者未认购的股份。境外证券交易所一般采取市场化发行手段。公司能否上市成功，主要看公司的股票是否能够成功发行，投资者不认购发行人的股票，或认购量不足时，则企业上市也就无功而返。因此，承销商在整个发行上市过程中起着重要作用，也是发行上市的核心事项。在境外发行时，若规模较小，一般由一家证券公司担任承销商；若发行规模较大，可能需要几家证券公司联合承销。

6. 估值师。在上市前委任估值师对公司资产、物业乃至公司整体商业价值进行估值，出具估值报告，作为并购交易或股份发行价格的参考依据。

7. 公关咨询公司。协助招股说明书及其他推介文件的设计、组织路演及其他宣传推介。

8. 股票存管人。原有主要股东的股票和预托证券必须委托存管。存管人必须是交易所接纳的财务机构，由发行人委任和授权，作为发行人的代理人负责预托证券的发行上市和股票限售存管。存管人通过其委任的托管人，持有预托证券所代表的股份，也代表预托证券持有人的利益。

第六章　上 市 准 备

84.

我们的企业是否具备上市的可能?

随着我国证券市场的发展,资本市场对于企业发展的作用日益显现,国家对资本市场的认识也不断深入,国家支持资本市场发展的力度越来越大。2019 年科创板注册制的正式推出以及 2020 年创业板注册制改革,就是我国资本市场迈向市场化的重要一步,也预示着更多规模偏小的科技型企业可以到证券交易所发行股票并上市。2020 年 10 月,《国务院关于进一步提高上市公司质量的意见》再次明确全面推行、分步实施证券发行注册制。优化发行上市标准,增强包容性。加强对拟上市企业的培育和辅导,提升拟上市企业规范化水平。鼓励和支持混合所有制改革试点企业上市。可以预见,不久的将来,我国境内 A 股主板市场也会走向注册制。注册制下,企业的发行上市条件更加透明。

很多企业家会问,我们的企业是否具备上市的可能?证券市场就是为企业服务的,因此只要具备条件都有上市的可能性。从资本市场的发展规律来看,当然不是每家企业都能进入证券市场,但企业只要是合法经营,主营业务符合国家产业政策,具有持续经营能力,都是具备上市可能的,尤其是一些研究投入较高、创新能力较强的企业,即使没有盈利,也有可能在科创板、创业板、新三板等证券交易场所发行股票,进而进入资本市场。企业如果有上市的意愿,可以对照境内上市的条件,看看企业自身的差距;也可以聘请上市律师、会计师对企业进行评估,确定企业是否符合上市的条件,或企业经营的主营业务是否符合具备上市的可能。对于暂时不具备条件的企业,也可以对企业的经营进行规范,通过公司治理、市场开拓,假以时日,资本市场的大门就一定可以向这些企业打开。

85. 我们的企业要上市,需要做哪些准备工作?

企业想要成功上市,至少需要做好以下几方面准备:

1. 知识准备。控股股东及决策层应当有明确的上市发展目标,应对上市带来的利弊有充足的准备,也应了解一些基本的上市知识,对本企业成长与发展的长远目标有一个清晰的轮廓,认真分析本企业现有各方面的条件,权衡利弊,合理规划,选择企业成长的最佳时机,结合本公司特点选择最合适的资本市场,以最经济、最有效的形式到公开的资本市场发行股票募集资金,以壮大企业的实力。

2. 组织准备。上市工作量大,持续周期长,涉及企业经营的方方面面,需要专业人员统筹操作。企业应成立上市工作小组,由公司董事长、总经理、财务负责人等高级管理人员参与,负责上市进程中所有重大问题的决策,领导、指挥上市工作小组实施上市工作计划,圆满完成上市工作。上市工作小组成立后,选聘上市中介机构,包括券商、律师、会计师、评估师等中介机构,组建企业上市服务团队,开展尽职调查工作。

3. 业绩准备。企业财务指标已经符合发行上市规定的条件,则要对未来 1 年到 2 年内业绩稳定状况有充足的预判,避免企业在上市审核过程中出现大的业绩下滑。企业的财务指标包括净利润、业务收入、经营活动现金流量等。如果企业财务指标暂时还不符合发行上市规定的条件,则要对企业近 3 年内的业务增长有清晰的判断;若企业 3 年内能够符合上市的财务指标,可以提前聘请证券服务机构对企业进行尽职调查,并对企业存在的问题进行整改。企业还要作价值评估,若市值指标符合发行上市规定,且符合科创板或创业板的市场定位,也可以在证券服务机构的帮助下,判断企业是否已符合发行上市条件。

4. 财务会计准备。企业要对其会计基础工作是否规范,财务报表的编制和披露是否符合企业会计准则和相关信息披露规则的规定,内部控制制度是否健全且被有效执行进行评估。如果企业会计基础工作和内部控制制度存在问题，应提前聘请会计师事务所帮助企业进行规范。

5. 制度准备。企业要对各项议事规则、管理制度进行评价，确定企业的治理结构是否符合上市的相关规定，各项管理制度是否能够保证企业良性运转。

86. 企业上市会失败吗？上市失败的原因有哪些？

我国证券市场发行审核制度历经审批制、核准制，目前在向注册制过渡。科创板、创业板已经实行注册制。主板目前还未实行核准制，核准制下企业发行上市须经中国证监会核准，而且对企业发行上市的审核采取实质性审核，对企业的合法性、财务规范性的审核严格，因此，发行上市失败的案例比比皆是。自科创板实行注册制后，近年来企业发行上市的成功率大大提高。图 6－1 是 2016 年以来企业首发上市的过会率情况。

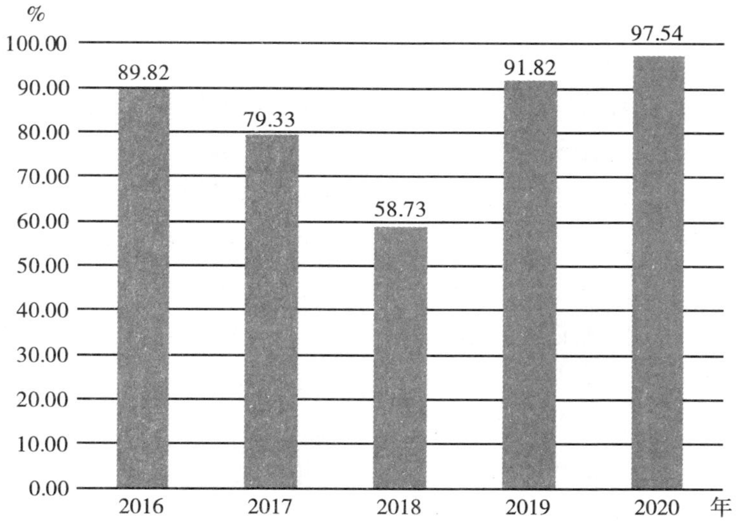

图 6－1 2016～2020 年企业 IPO 过会率

注：2020 年的数据截至 2020 年 8 月 31 日。

在核准制下，每年都会有一批申请发行上市企业未通过中国证监会核准的情况，这些未通过审核的企业的原因是多种多样的，以2018年为例，IPO企业上会聆讯问题主要集中在以下5个方面：生产经营的合法性、生产经营的独立性、财务数据的合理性、盈利能力的持续性和会计处理的准确性。深入考察2018年59家未过会IPO企业的聆讯问题，涉及上述5个方面问题的未过会IPO企业数量分别为24家、35家、56家、34家和43家。[①] 从这个分析来看，企业发行上市问题主要集中在合法性和财务规范性两个方面。

从图6-1来看，注册制实施后，企业发行上市的成功率大大提高，是否意味着企业上市的难度降低了？注册制下，审核的核心为信息披露，表面上看企业发行上市的难度似乎降低了，实际上并不是，从现有制度设计来看，企业上市难度不仅不会降低，而且还会增加，只是表现形式不一样，原因在于《证券法》对违规上市的处罚力度不同了。在2018年12月《证券法》第2次修订前，对欺诈发行的处罚为：尚未发行证券的，处以30万元以上60万元以下的罚款；已经发行证券的，处以非法所募资金金额1%以上5%以下的罚款。对直接负责的主管人员和其他直接责任人员处以3万元以上30万元以下的罚款。《证券法》第2次修订后，对欺诈发行的处罚为：尚未发行证券的，处以200万元以上2000万元以下的罚款；已经发行证券的，处以非法所募资金金额10%以上1倍以下的罚款。对直接负责的主管人员和其他直接责任人员，处以100万元以上1000万元以下的罚款。发行人的控股股东、实际控制人组织、指使从事前款违法行为的，没收违法所得，并处以违法所得10%以上1倍以下的罚款；没有违法所得或者违法所得不足2000万元的，处以200万元以上2000万元以下的罚款。对直接负责的主管人员和其他直接责任人员，处以100万元以上1000万元以下的罚款。对保荐人出具有虚假记载、误导性陈述或者重大遗漏的保荐书，或者不履行其他法定职责的，《证券法》修订前，处以业务收入1倍以上5倍以下的罚款；情节严重的，暂停或者撤销相关业务许可。对直接负责的主管人员和其他直接责任人员给予警告，并处以3万元以上30万元以下的罚款；情节严重的，撤销任职资格或者证券从业资格。《证券法》修订后，处以业务收入1倍以上10倍以下的罚款；没有业务收入或者业务收入不足100万元的，处以100万元以上1000万元以下

---

① 参见《上海证券交易所研究报告——2018年A股市场企业审核问题研究》，第16页。

的罚款；情节严重的，并处暂停或者撤销保荐业务许可。对直接负责的主管人员和其他直接责任人员给予警告，并处以 50 万元以上 500 万元以下的罚款。《证券法》修订后，对律师、会计师的处罚力度也大幅度增加。另外，2021 年 3 月实施的《刑法修正案(十一)》，对《刑法》第 160 条欺诈发行证券罪和第 161 条违规披露、不披露重要信息罪进行了修正，强化了欺诈发行及信息披露违法的法律责任。

以上规定对证券公司、律师事务所、会计师事务所等证券服务机构风险控制的要求更加严格，证券服务机构真正要承担起勤勉尽责的责任，在核准制下共同对付审核的可能性基本上不会存在，因此对企业合法性和合规的审查要求更高，虽不否认还是会出现一些证券服务机构因执业能力而没有把好关的情况，但像以前不负责任的情况会大大减少。企业如果存在合法性、财务规范性、信息披露的问题，证券服务机构根本不敢也不会向证券交易所申报，很多存在问题的企业无法进入交易所的审查队列中，所以表现出来的上市成功率也会大大提高。

然而，以前被否决过的企业在注册制下就可以发行上市成功，这是什么原因呢？这种情况的存在也是正常的。证券市场在实行核准制时，对企业的持续盈利能力等问题进行实质性审核，也就是由中国证监会发审会来判断企业的持续盈利能力等核心问题，一旦发审会怀疑企业存在持续盈利能力等方面的问题，就可以否决企业的发行申请，企业发行上市即宣告失败。注册制下，从发行上市的条件看，审查的内容仍然是企业的合法性、财务规范性等方面的问题，但重心转向信息披露，只要企业信息披露完整，理论上审查时不再对企业进行实质性判断，交由投资者判断，一旦企业欺诈上市或违规上市，证监会通过事后的监管对发行人和证券服务机构进行处罚，甚至追究刑事责任，从而促使证券服务机构勤勉尽责，对投资者负责。当然，由于我国发行上市的审核制度刚刚发生变化，审核理念肯定还遗留以前的痕迹，假以时日，注册制下的审核理念会发生根本性变化。我们看到，以前存在问题的企业现在能够过会或者通过证券交易所审核，原因除了上述审核理念的变化外，还在于企业本来就符合发行上市条件，只是因为各种原因被否决，或者有些企业以前的问题经过整改后符合了发行条件，在新的审核制度下发行上市成功了。

企业经营的合法性及财务的规范性问题，无论是在核准制下，还是在注册制下，都不会发生根本性变化。因此，企业还是要高度重视日常经营过程中各类法律问题的解决以及财务规范性问题。如果企业存在这些方面的问题,那么上市过程中不是由证券交易所审查时否决,更直接的表现为证券服务机构在申报前就把企业的发行上市项目给否决了,上市的难度并不见得比之前低。

87. 我们的企业应该什么时间开始准备上市工作？ 应该在什么时间聘请服务机构？

企业应该什么时间开始准备上市工作？在什么时间聘请证券服务机构？要回答这些问题,先从目前企业上市存在的比较普遍的问题谈一谈。

从笔者多年从事上市律师工作的经验来看,几乎所有的企业在符合发行上市的条件后,要经过 3 年至 5 年的时间才能完成申报材料及发行上市工作,为什么要经历这么长时间,实际上与首次公开发行上市的发行条件直接关联。《首发上市管理办法》第 18 条规定,“发行人不得有下列情形:(一)最近 36 个月内未经法定机关核准,擅自公开或者变相公开发行过证券;或者有关违法行为虽然发生在 36 个月前,但目前仍处于持续状态;(二)最近 36 个月内违反工商、税收、土地、环保、海关以及其他法律、行政法规,受到行政处罚,且情节严重……”《科创板首发注册办法》第 13 条及《创业板首发注册办法》第 13 条均规定,“最近 3 年内,发行人及其控股股东、实际控制人不存在贪污、贿赂、侵占财产、挪用财产或者破坏社会主义市场经济秩序的刑事犯罪,不存在欺诈发行、重大信息披露违法或者其他涉及国家安全、公共安全、生态安全、生产安全、公众健康安全等领域的重大违法行为。董事、监事和高级管理人员不存在最近 3 年内受到中国证监会行政处罚,或者因涉嫌犯罪被司法机关立案侦查或者涉嫌违法违规被中国证监会立案调查,尚未有明确结论意见等情形”。

从以上规定可以看出,公开发行股票并上市的基本条件要求拟上市企业在提交申报材料前 36 个月内或最近 3 年内不得有重大违法违规行为。由于很多企业在日常经营中没有寻求或难以得到上市律师的帮助,导致在日常经营中出现了各种各样的法律问题。有些虽然也寻求了律师的帮助,但由于日常经营中提供法律服务的律师大多不熟悉上市规则，无法从上市角度提供解决问题的办法，即使已经处理过的法律问题也可能不符合发行上市规则的要求，致使企业在上市启动后要按照发行上市的要求重新予以规范。

以股权转让为例，按照一般的处理办法，企业转让股权时会按照市场监督管理局提供的转让协议范本填写，之后到市场监督管理局办理相关转让手续。普通律师提供法律服务时也会重视转让协议的拟定、签署和工商变更手续，但对资金来源转让凭证、股权代持的特殊安排等事宜不重视。上市时上市律师不仅要审查转让协议，还要审查转账凭证等证据，并对转让双方的转让行为的真实性、自愿性、是否存在代持或其他行为进行核查，对转让双方进行访谈或见证。如果企业在股权转让方面存在问题，还要在启动上市工作后重新进行规范整改。类似的整改工作会花费大量的时间和成本。

如果日常经营行为存在违法违规之处，按照发行上市的要求需要进行整改和规范，若构成重大违法违规行为，该违法违规行为的整改与申报材料的间隔时间要达到36个月或3年以上。实际上很多企业上市启动后要经过3年以上的时间才能申报的主要原因即在于此。很多企业都是在企业业绩达到发行上市的要求后才启动上市工作，也往往是上市的最佳时点，但由于启动后大量法律和财务问题需要重新整改，因此大部分企业又会错过企业上市的最佳时点，甚至因大量法律、财务问题的存在大大拉低企业上市的成功率，一些主营业务存在周期性的企业更是因业绩下滑等原因与上市失之交臂。

了解上述情况后，我们再来回答企业应该什么时间开始上市准备工作比较合适，如果企业对企业发展和业绩增长有清晰的判断，就可以在企业符合发行上市条件，尤其是符合财务标准前的3年内启动上市工作，聘请上市律师、会计师对企业进行整改并在整改后提供相应的法律、财务服务，保证企业在符合发行上市条件的前3年内不存在重大违法违规行为，企业可以在符合发行上市财务标准后的第一时间提交申报材料。基于此，发行上市就可能真正成为水到渠成的事情，企业上市时间会大大缩短，上市成本支出也会大大减少，同时上市的成功率也会大幅度上升。

综上，我们建议企业启动上市的时间安排在符合发行上市的财务标准前3年。如果此时聘请不到证券公司提供财务顾问服务，至少要提前3年聘请上市律师和会计师对企业提供整改、规范，待企业符合财务条件后即可在第一时间完成发行上市的申报工作。

88. 我们的企业3年后才符合发行上市条件，为什么难以聘请到保荐代表人为我们服务？

企业如果期望上市更加顺利，应该把上市启动工作提前至符合发行上市财务标准的前3年进行，有很多企业在操作时发现此时很难聘请到愿意提供服务的保荐人或保荐代表人。这种情况的原因是多方面的。一是因为企业在未达到发行上市条件时，要处理的主要还是法律和财务方面的问题，这要依赖于上市律师和会计师的工作，保荐代表人并不擅长；二是保荐代表人项目较多，保荐代表人的工作主要是尽职调查，梳理企业主营业务及战略发展情况，牵头确定上市计划，对企业进行辅导，企业前期可能没有这些需求，受保荐代表人人数所限，无法提供太超前的服务；三是保荐代表人的人力成本太高，在企业前期往往又收不到足以覆盖成本的较高的费用，过早跟踪上市项目会得不偿失。正因为这些原因，很多保荐人并不愿意在企业还不符合发行上市条件时参与项目的服务。

影响企业发行上市的主要因素无非业务、法律和财务3个方面。分工上，保荐人最擅长企业主营业务、商业模式的梳理和提炼，律师最擅长法律的规范，会计师更擅长财务的规范。如果由保荐人来处理企业的法律问题或财务问题，都可能超出其专业能力，如果企业在前期无法聘请到保荐人提供服务，可以先考虑聘请上市律师和会计师，优先把企业的法律和财务问题予以整改和规范。只要企业的生产经营符合国家的产业政策，不存在重大违法违规行为，一样可以达到顺利上市的目的。当然，如果企业能够在前期聘请到保荐人提供服务，那是再好不过的事情了。

第七章　上市常见问题

89. 新三板挂牌企业申请发行上市需要注意什么问题？

已经在新三板挂牌的企业申请发行上市需要注意的特殊问题主要有：

1. 对于信托计划、契约型基金和资产管理计划等持股平台为拟上市公司股东的，在上市审核过程中，可能会因存续期到期而造成股权变动，影响股权稳定性。如果存在这样的情况，要提前予以解决。

2. 股东人数超过 200 人的新三板公司在挂牌后，如通过公开转让或非公开转让导致股东人数超过 200 人的，已经中国证监会核准，并不违反相关禁止性规定，可以直接申请上市；经核准已经公开发行并进入新三板精选层的企业，在进入精选层 1 年后可以直接向证券交易所申请转板上市。

3. 信息披露是否存在问题。新三板挂牌时，有些企业因挂牌要求偏低，并未严格按照要求进行整改和规范，可能会给申请发行上市造成障碍。此外，在新三板挂牌期间，一些企业规范意识不足，公司治理结构不完善，不能按照规范要求动作，或者信息披露违规，甚至因此受到中国证监会或全国股转系统的处罚，以上因素都会给企业上市造成障碍。因此，新三板挂牌企业在挂牌期间要注意上述情况。

90. 我们的企业原来有工会、职工持股会持股，上市需要清理吗？

《中国证监会关于职工持股会及工会能否作为上市公司股东的复函》（法律部〔2000〕24 号）规定："根据国务院《社会团体登记管理条例》和民政部办公厅 2000 年 7 月 7 日印发的《关于暂停对企业内部职工持股会进行社团法人登记的函》（民办函［2000］110 号）的精神，职工持股会属于单位内部团体，不再由民政部门登记管理。对此前已登记的职工持股会在社团清理整顿中暂不换发社团法人证书。因此，职工持股会将不再具有法人资格。在此种情况改变之前，职工持股会不能成为公司的股东。另外，根据中华全国总工会的意见和《中华人民共和国工会法》的有关规定，工会作为上市公司的股东，其身份与工会的设立和活动宗旨不一致，可能会对工会正常活动产生不利影响。因此，我会也暂不受理工会作为股东或发起人的公司公开发行股票的申请。"上述规定出台后，工会和持股会在公司持股就不再符合发行上市的规定。

按照《中国证监会发行监管部关于发布〈首发业务若干问题解答〉的通知》，申请发行上市企业如果存在工会、职工持股会持股等情况的，考虑到发行条件对发行人股权清晰、控制权稳定的要求，发行人控股股东或实际控制人存在职工持股会或工会持股情形的，应当予以清理。

对于间接股东存在职工持股会或工会持股情形的，如不涉及发行人实际控制人控制的各级主体，发行人不需要清理，但应予以充分披露。对于工会或职工持股会持有发行人子公司股份，经保荐机构、发行人律师核查后认为不构成发行人重大违法违规的，发行人不需要清理，但应予以充分披露。

91. 我们企业的股权有代持情况，上市前要规范吗？

根据《首发上市管理办法》第 13 条的规定，发行人的股权清晰，控股股东和受控股股东、实际控制人支配的股东持有的发行人股份不存在重大权属纠纷。股份代持问题是企业首发上市项目中的较常见问题，在企业上市过程中，该问题的出现可能影响拟上市主体股权结构的稳定性，进而引起股东间利益纠葛和法律纠纷，所以，中国证监会对此一直明令禁止，不允许拟上市企业存在股权代持等股权不清晰的情形。因此，若是企业拟上市，则按照现有监管规则规定，无论代持原因如何，都要对代持行为进行清理，彻底解除代持协议，并予以披露，避免因股权不清晰产生法律纠纷。

92. 企业股权存在纠纷怎么办？

对拟上市企业而言，应对股权纠纷，应注意以下几个方面。

1. 事先做好排查

在上市之前，拟上市公司需要聘请中介机构对拟上市公司的股权结构和股东情况进行尽职调查，查清可能存在纠纷隐患的股权，并根据该股东的实际情况，采取合理的解决方案。通过平等协商，将股权予以转让，并在合理的范围内给予股东一定溢价，争取快速且和平解决股权纠纷。

2. 积极与中国证监会沟通

在上市过程中遭遇诉讼，与中国证监会进行有效沟通，促使其认可该诉讼不构成对上市造成实质影响的重大事项，是企业成功上市的关键之一。通常来说，中国证监会并不会因为拟上市企业存在诉讼就否定其上市，其会考量该诉讼对企业持续经营能力和股权清晰是否会造成实质性影响。一般而言，主承销商和法律顾问应核查该诉讼，对诉讼的当事方、诉讼请求、诉讼进程等进行披露，并对该诉讼是否构成重大事项出具保荐意见和法律意见。中国证监会则根据拟上市企业及其主承销商、法律顾问的保荐意见和法律意见作出相关决定。

3. 聘请优秀诉讼律师

在实务中，不排除争议股东与拟上市公司难以达成和解。在很多情况下，单纯地与中国证监会进行沟通，由主承销商和法律顾问出具意见也不足以说服中国证监会。而诉讼本身的进展却在很大程度上能够促使中国证监会作出有利于拟上市企业的决定。因此，聘请优秀的诉讼律师，处理好相关诉讼，可以与上市中介机构形成合力，这是拟上市企业排除诉讼不利影响，顺利实现上市的另一个关键因素。

4. 做好舆论应对

面对媒体铺天盖地的报道，拟上市公司需要做好充分心理准备进行应对，如果应对不力，可能会严重影响上市工作。企业只要没有重大问题，对于媒体的不实报道，可以在不损害自身声誉和利益的前提下予以适当披露，让公众明白是非对错。此外，还应当按照相关法律法规做好股权纠纷事项的信息披露工作，避免中国证监会因媒体大肆报道而影响其对拟上市公司是否符合上市条件的判断。

93. 企业出资没有到位怎么办？

《首发上市管理办法》第 10 条规定，发行人的注册资本已足额缴纳，发起人或者股东用作出资的资产的财产权转移手续已办理完毕，发行人的主要资产不存在重大权属纠纷。注册资本未足额缴纳，按照法律规定系违法行为，工商管理部门有权对企业进行处罚。因此，企业在发行上市前不得存在注册资本不到位的情况。企业上市首先要确保出资到位、资本充足，企业历史上存在出资瑕疵的，应当在申报前依法采取补救措施，补救的办法就是予以补足。关于补足的方式有多种，例如，股东以现金资产补足，这种形式最直接、简单；股东以应付股利

（如未分配利润，经过股东大会或股东会作出利润分配决议后产生应付该股东的股利）补足，或者以固定资产、无形资产等补足；以债权补足。在企业上市实践中通常以股东采用货币资金方式补足出资。

申报时，保荐机构和发行人律师还要对出资瑕疵事项的影响及发行人或相关股东是否因出资瑕疵受到过行政处罚，是否构成重大违法行为及本次发行的法律障碍，是否存在纠纷或潜在纠纷进行核查并发表明确意见。发行人应当充分披露存在的出资瑕疵事项和采取的补救措施以及中介机构的核查意见。

94. 企业可以有专利或专利技术出资吗？

我国现有的法律法规及相关政策并不禁止拟上市企业以专利或专利技术出资，但应当注意以下几点：

1. 无形资产权属清晰无纠纷

拟上市企业存在无形资产出资的，首先，应当关注无形资产权属问题。发起人或者股东应当为所出资无形资产的合法权利人。

无形资产出资时最常见的问题有两个。一是股东以属于拟上市企业的专利技术或技术秘密作为出资。个别股东在公司工作期间，利用执行公司的任务或主要利用公司的物质条件所完成的发明，按照法律规定系职务发明，其所有权也归公司所有，如果用于出资则存在以拟上市企业技术出资的问题。二是出资的技术是否达到评估时的预期收益。如果未达到预期收益，其原来的估值就存在问题，也要在上市申报前以新的出资予以补救。

我国《公司法》《首发上市管理办法》均要求拟上市企业股东出资的无形资产权属明晰且财产权已作价转移。

若企业股东不能充分证明用于出资的无形资产属于个人所有，或用于出资的无形资产系职务发明，则出资股东须以货币重新出资（现金补足）以置换无形资产出资部分，或者企业按照会计差错通过减资方式处理，公告减资后注销无形资产出资形成的注册资本，该股东可以用等值货币再向企业增资，还原企业注册资本,以弥补减资对企业的影响。

2. 出资程序完备

我国现行《公司法》要求股东以非货币财产出资的,应当依法经过评估、财产权转移交付公司占有和使用。评估价格应当公允,不得高估或者低估作价。企业上市过程中,审核机构会着重关注企业历史中各阶段出资资产之真实合理性,判断出资时资产评估报告内容和结论是否有效,评估价值是否真实合理,股东用作出资的非货币资产之价值是否存在高估、低估情况,作价是否公允,是否存在导致股东虚假出资、间接规避法定出资最低限额(追溯至企业设立或非货币财产出资时适用的法律法规)的情形,是否会引致其他股东/投资人利益受损的情况。如经具备证券业务资质的评估机构复核后得出,非货币出资有减值情况,公司需根据评估结果进行减资或者以现金补足公司实收资本。

以无形资产出资的,法律法规要求股东依法办理无形资产所有权转移手续,将无形资产的所有权人变更为公司。已进行所有权登记的,应变更登记所有权人;未登记权属的,应由出资股东将出资的无形资产相关资料移交至公司,并由公司核算入账。其中,非专利技术出资的,需要以法律规定的方式向公司移交该技术相关的全套材料、数据等,并同时出具承诺或证明,以确保公司未来使用该技术不存在障碍或其他权利限制。

就非货币资产出资的拟上市企业,需仔细核查相关事实情况及书面材料,综合考虑非货币资产(专利、商标或其他非专利技术等)剩余保护年限,重点核查该非货币资产(专利、商标或其他非专利技术等)上是否已设置第三方许可使用情况,避免对拟上市主体未来持续稳定生产经营造成不利影响。

3. 出资比例合规

非货币资产出资比例限制,属于我国法治发展阶段的历史留存形态。我国现行《公司法》对无形资产出资比例无特殊限制,但是,对 2013 年《公司法》修正、实施前设立的公司,仍然需符合其设立时的法律法规。2013 年前的《公司法》规定工业产权、非专利技术作价出资比例不超过公司注册资本的 20%,但高新技术成果不受此限并参照适用其专门规定。发起人或股东以无形资产出资的,其出资比例一般不得超过 20%,如超过 20%,则需满足 3 个条件:(1)用于出资的无形资产属于国家认定的高新技术成果;(2)出资比例超过 20% 但未超过 35%;(3)出资必须有省级以上科技部门的审查认定,且审查认定文件作为工商登记的必备文件。

4. 无形资产占比合规

非货币资产有效形成的前提下，无形资产占企业净资产的比例合规也是拟上市主体上市条件之一。根据《首发上市管理办法》第26条第4款的规定，“最近一期末无形资产（扣除土地使用权、水面养殖权和采矿权等后）占净资产的比例应不高于20%”。据此，以无形资产出资之企业申报上市时，经审计的最近一期末无形资产（扣除土地使用权、水面养殖权和采矿权等后）占净资产的比例也应当调整至符合法律规定的比例。科创板、创业板对无形资产在出资中的比例未作要求。

95. 我们的企业一定要做员工持股吗?

法律法规对拟上市企业是否做员工持股没有硬性规定。企业上市前做员工持股计划，可以激发员工的主人翁意识，以股东的身份在企业工作，可以起到长期激励的作用，强化优秀人才对企业的认同和忠诚，为企业创造更好的效益，同时也为企业的民主化管理打下股权基础。当然，员工持股也有一定的弊端，例如，容易产生企业与员工之间的股权纠纷，可能会降低实际控制人对企业的控制力等。因此企业应该根据自身具体情况和发展需要来决定是否做员工持股。

96. 实际控制人是指什么?

《公司法》第216条第3款规定，实际控制人，是指虽不是公司的股东，但通过投资关系、协议或者其他安排，能够实际支配公司行为的人。

《〈首次公开发行股票并上市管理办法〉第十二条“实际控制人没有发生变

更”的理解和适用——证券期货法律适用意见第 1 号》(证监法律字〔2007〕15号)中,将公司控制权界定为,能够对股东大会的决议产生重大影响或者能够实际支配公司行为的权力,其渊源是对公司的直接或者间接的股权投资关系。根据上述规定,直接或间接持有股权,均可被界定为实际控制人。

沪深交易所对实际控制人的界定存在不一致。《上海证券交易所股票上市规则》中关于实际控制人的认定与《公司法》一致,将实际控制人界定为不是公司股东的人。但《深圳证券交易所股票上市规则》中则将实际控制人界定为通过投资关系、协议或者其他安排,能够支配、实际支配公司行为的自然人、法人或者其他组织。

因此,依据不同的法规和文件,实际控制人的界定是不同的,但在企业上市的实务中一般认为,实际控制人是指通过直接持股或者投资关系、协议及其他安排,能够实际支配公司行为的自然人、法人或者其他组织。

97. 企业上市应该怎么认定实际控制人?

根据《首发业务若干问题解答》问题 10,实际控制人认定时主要考虑以下几个方面:

1. 基本原则

在确定公司控制权归属时,应当本着实事求是的原则,尊重企业的实际情况,以发行人自身的认定为主,由发行人股东予以确认。通过对公司章程、协议或其他安排以及发行人股东大会(股东出席会议情况、表决过程、审议结果、董事提名和任命等)、董事会(重大决策的提议和表决过程等)、监事会及发行人经营管理的实际运作情况来认定实际控制人。发行人股权较为分散但存在单一股东控制比例达到 30% 的情形的,若无相反的证据,原则上应将该股东认定为控股股东或实际控制人。存在下列情形之一的,保荐机构应进一步说明是否通过实际控制人认定而规避发行条件或监管并发表专项意见:(1)公司认定存在实际控制人,但其他股东持股比例较高与实际控制人持股比例接近的;(2)第一大股东持股接近30%，其他股东比例不高且较为分散，公司认定无实际控制人的。

2. 共同实际控制人

法定或约定形成的一致行动关系并不必然导致多人共同拥有公司控制权的情况，发行人及中介机构不应为扩大履行实际控制人义务的主体范围或满足发行条件而作出违背事实的认定。通过“一致行动人”协议主张共同控制的，无合理理由的（如第一大股东为纯财务投资人），一般不能排除第一大股东为共同控制人。实际控制人的配偶、直系亲属，如其持有公司股份达到5%以上，或者虽未超过5%但是担任公司董事、高级管理人员，并在公司经营决策中发挥重要作用，保荐机构、发行人律师应说明上述主体是否为共同实际控制人。

3. 实际控制人变动

实际控制人为单名自然人或有亲属关系的多名自然人，实际控制人去世导致股权变动，股份受让人为继承人的，通常不视为公司控制权发生变更。其他多名自然人为实际控制人，实际控制人之一去世的，保荐机构及发行人律师应结合股权结构、去世自然人在股东大会或董事会决策中的作用、对发行人持续经营的影响等因素综合判断。实际控制人认定中涉及股权代持情况的，发行人、相关股东应说明存在代持的原因，并提供支持性证据。如经查实，股东之间知晓代持关系的存在，且对代持关系没有异议、代持的股东之间没有纠纷和争议，则应将代持股份还原至实际持有人。发行人及中介机构通常不应以股东间存在代持关系、表决权让与协议、“一致行动人”协议等为由，认定公司控制权未发生变动。

98. 企业上市前实际控制人能发生变动吗？

企业上市前控制人能否发生变动具体要看变动的时间节点。《首发上市管理办法》第12条规定，发行人最近3年内主营业务和董事、高级管理人员没有发生重大变化，实际控制人没有发生变更，是上市条件之一。由于企业实际控制人对公司的发展方向、持续经营能力有巨大的影响，因此，企业上市前3年内实际控制人不能发生变更，在此之前实际控制人是可以发生变动的，但实际控制人的变动不能影响企业的持续经营能力。

99. 上市是否容易丧失对公司的控制权?

一般情况下,企业上市的确会在一定程度上稀释实际控制人的股权控制比例,如果股权的问题处理不得当,企业将面临许多不确定风险,实际控制人存在丧失对企业的控制权的风险。但保持公司控制权取决于多方面因素,本身是一个利益博弈、动态平衡的过程。企业上市必然会稀释大股东及实际控制人的股权,但不必然导致控制权的丧失。拟上市企业可以聘请专业的上市律师提前对股权架构进行设计,或者充分运用“一致行动人”协议、投票权委托协议、公司章程的修改等方式保持控制权。因此,只要企业能够未雨绸缪,提前做好股权设计与安排,上市并不会丧失对公司的控制权。

100. 怎样保持创始人对公司的控制权?

创始人通常可以通过以下方式保持对公司的控制权:

一是签署“一致行动人”协议。“一致行动人”协议是指投资者通过协议或者其他安排,与其他投资者共同扩大其所能支配的一个上市公司股份表决权数量的行为。当公司创始人较多或者股权比例并没有绝对控股优势时,创始人可以考虑创始人内部或者与其他股东签署“一致行动人”协议,确保创始人对公司的控制力。

二是进行“双层股权结构”设计,即“同股不同权”,也就是发行上市规则中规定的表决权差异。“双层股权结构”目前主要适用于允许“同股不同权”的一些境外证券市场及我国科创板、创业板市场。在这种股权结构下,企业可以发行具有不同表决权的股票，创始人可以获得比采用“同股同权”这种股权结构下更多的表决权，从而确保对公司的控制权。

三是修订公司章程。创始人通过修改公司章程，对公司章程的表决权及董事的任命做特殊的设计等，以此来增加外部竞争者收购难度和时间成本，进而确保自身的实际控制权。

四是定向增发。是指上市公司向符合条件的少数特定投资者非公开发行股份的行为，对于控股比例较低的创始人而言，通过定向增发可强化对公司的控制力。

101. 如何保持骨干团队在企业上市前、后的稳定？

企业可以通过改革薪酬架构，制定行业内有竞争力的薪酬体系，完善企业治理机制，实施员工持股或期权、限制性股票等股权激励方式保持企业骨干团队在上市前、后的稳定性。股权激励是一种比较常见的方式，企业实施股权激励时应当注意以下两个方面：

1. 根据行业背景变化以及企业战略调整，不断推出符合企业发展的激励计划，选择恰当的激励对象、考核机制等。根据企业不同时期的不同背景及时调整，如期权计划随战略变化调整变动等，从而使股权激励能够利用其不同时期的变化推动企业战略的实现，提高员工凝聚力与忠诚度，推动经营绩效的提升。

2. 股权激励方式选择。股权激励是指限制性股票和股票期权，严格来讲，员工持股也是股权激励的一种方式。通过股权激励，可以实现公司利益和员工利益的一致。例如，业绩股票通过分享公司业绩增长收益，深度绑定高级管理人员；限制性股票则具有高风险高收益的特点，提前出资提升了中层管理人员黏合度；股票期权不断扩容和向下延伸，虽然低收益但风险性也低，更适用于风险承受能力较差的业务骨干。因此，拟上市企业在设计股权激励时，针对不同的群体适用何种激励模式需要综合考量激励约束性、出资风险承受能力等多种因素，一般应遵循核心对象重点激励，个量分配呈现梯度又兼顾激励力度的原则。

102. 企业上市一定要引入战略投资机构吗?

引入战略投资机构有利有弊,企业应当根据自身情况确定是否引入战略投资机构。

1. 上市前引入战略投资者的有利方面

(1)引入战略投资者可以帮助企业优化股东结构,同时建立起有利于今后上市的治理结构、监管体系、财务制度及法律风险防范体系等。

(2)通过引入战略资本帮助企业迅速扩大规模,从而在未来上市的时候更容易获得投资银行的支持和投资者的青睐。

(3)战略投资人所携带的市场视野、产业运作经验和战略资源可以帮助企业更快地成长和成熟起来。引入战略投资者更有可能产生立竿见影的协同效应,从而在较短的时间内改善企业的收入、成本结构,提高企业的核心竞争力,并最终带来企业业绩和股东价值的提升。

2. 上市前引入战略投资者的不利方面

(1)战略投资者一般会要求委派人员担任企业的管理层或加入董事会、监事会等,通过参与企业管理,对创业者的权利加以限制;

(2)战略投资者的加入,可能会要求企业改变传统的管理方式和治理模式,要求财务规范化、信息透明化,创业者对此可能会有一个艰难的适应过程。

103. 与投资机构签订的对赌协议是否会影响企业上市?

《深圳证券交易所创业板股票首次公开发行上市审核问答》问题 13 解答为,“投资机构在投资发行人时约定对赌协议等类似安排的,原则上要求发行人在申报前清理，但同时满足以下要求的可以不清理：一是发行人不作为对赌协议当事人；二是对赌协议不存在可能导致公司控制权变化的约定；三是对赌协议不与市值挂钩；四是对赌协议不存在严重影响发行人持续经营能力或者其他严重影响投资者权益的情形”。

《上海证券交易所科创板股票发行上市审核问答（二）》问题10解答为，“PE、VC等机构在投资时约定估值调整机制（一般称为对赌协议）情形的，原则上要求发行人在申报前清理对赌协议，但同时满足以下要求的对赌协议可以不清理：一是发行人不作为对赌协议当事人；二是对赌协议不存在可能导致公司控制权变化的约定；三是对赌协议不与市值挂钩；四是对赌协议不存在严重影响发行人持续经营能力或者其他严重影响投资者权益的情形”。

因此，与投资机构签订的对赌协议原则上在申报上市之前需要清理，但若符合上述条件的对赌协议可以不清理。

104. 非公司制企业可以上市吗？

不可以。根据《首发上市管理办法》第8条的规定，发行人应当是依法设立且合法存续的股份有限公司。经国务院批准，有限责任公司在依法变更为股份有限公司时，可以采取募集设立方式公开发行股票。因此，非公司制企业不可以上市。

105. 有限责任公司可以上市吗？

不可以。根据《首发上市管理办法》第8条的规定，发行人应当是依法设立且合法存续的股份有限公司。经国务院批准，有限责任公司在依法变更为股份有限公司时,可以采取募集设立方式公开发行股票。有限责任公司不能直接上市,但有限责任公司和股份有限公司在性质上是一致的,有限责任公司改制为股份有限公司后才能上市。另外,有限责任公司按原账面净资产值折股整体变更为股份有限公司的,持续经营时间可以从有限责任公司成立之日起计算。

106. 上市一定要设立股份有限公司吗?

在境内上市一定要设立股份有限公司,也可以由有限责任公司整体改制为股份有限公司后发行上市。根据《首发上市管理办法》第 9 条的规定,发行人自股份有限公司成立后,持续经营时间应当在 3 年以上,但经国务院批准的除外。有限责任公司按原账面净资产值折股整体变更为股份有限公司的,持续经营时间可以从有限责任公司成立之日起计算。因此,上市主体既可以是新设且持续经营 3 年以上的股份有限公司,也可以是由有限责任公司整体改制的股份有限公司。

107. 企业上市过程中怎样改制设立为股份有限公司?

企业改制设立为股份有限公司是成为一个合格上市发行主体的第一步,也是企业股票发行和长远发展的基础。

改制是指非股份有限公司按照《公司法》的规定,通过一定的程序变更为股份有限公司。在变更为股份有限公司前,企业可能是合伙企业,也可能是有限责任公司,甚至是个体工商户,不同形式改制为股份有限公司的程序和方式是不一样的。

合伙企业等非有限责任公司形式的企业改制为股份有限公司,需要将企业的资产以出资形式出资到新成立的股份有限公司中，其性质是重设公司，其持续经营时间要从股份有限公司成立之日起计算。

有限责任公司改制为股份有限公司的方法主要有两种。一是整体改制方式。整体改制较为简单，是指原企业以整体资产进行重组，并对非经营性资产不予剥离或少量剥离而改制设立股份有限公司。有限责任公司以整体变更方式，按原账面净资产值折股变更为股份有限公司的，持续经营时间可以从有限责任公司成立之日起计算，有限责任公司的经营时间也可以作为股份有限公司的持续经营时间。二是部分改制方式。部分改制是指将原企业以一定比例的资产和业务进行重组，设立股份有限公司。原企业（或企业集团）仍保留余下部分的经营性或非经营性资产和业务。部分改制时，有限责任公司的经营时间不能作为股份有限公司的持续经营时间，需要重新计算。

改制设立股份有限公司，对于不同所有制成分的企业来说，改制适用的程序和参与的主体不尽相同，而不同的改制目的也可能导致改制程序和参与主体存在差异。这里主要介绍有限责任公司整体变更为股份有限公司的程序：

1. 改制企业拟定改制目标、发展方向和业务规划。

2. 各中介机构进场进行尽职调查。

尽职调查的主要内容包括改制企业的历史沿革和产权构成，业务和资产结构，经营和财务情况，业务和市场规划以及土地、房产等资产的权属情况等，为下一步制订可行的改制重组方案提供基础数据。

3. 在尽职调查的基础上，拟定改制设立股份有限公司方案，确认业务和资产范围。

4. 明确改制基准日，完成资产评估立项工作，企业根据要求准备审计、评估工作所需的财务资料，确定改制方案及文件。

5. 实施改制方案。包括召开创立大会、董事会、监事会等，通过公司章程及各项议案，到工商管理部门登记并取得营业执照。

改制设立股份有限公司是一个较为复杂和专业要求较高的法律行为，企业切不可自行其是，一定要在专业上市律师的指导下进行，避免改制过程中出现新的法律问题。

108. 有限责任公司整体变更为股份有限公司时，净资产折股如何纳税？

有限责任公司整体变更成股份有限公司时，除注册资本外的资本公积金、盈余公积金及未分配利润转增股本，按以下情况区别纳税：

一是个人所得税的问题。根据《国家税务总局关于股份制企业转增股本和派发红股征免个人所得税的通知》（国税发〔1997〕第198号）的规定，股份制企业用资本公积金转增股本不属于股息、红利性质的分配，对个人取得的转增股本数额，不作为个人所得，不征收个人所得税；股份制企业用盈余公积金派发红股属于股息、红利性质的分配，对个人取得的红股数额，应作为个人所得征税。

二是企业所得税的问题。根据《国家税务总局关于贯彻落实企业所得税法若干税收问题的通知》（国税函〔2010〕79号）第4条的规定，被投资企业将股权（票）溢价所形成的资本公积金转为股本的，不作为投资方企业的股息、红利收入，投资方企业也不得增加该项长期投资的计税基础。有限责任公司以出资溢价形成的资本公积金，无须缴纳企业所得税。

109. 同业竞争是怎么回事？

同业竞争一般指发行人与控股股东、实际控制人及其控制的其他企业从事相同或者相似业务的情况，构成直接或间接的竞争关系。企业上市实践中要求发行人与控股股东、实际控制人及其控制的其他企业间不得存在同业竞争的情形。同业竞争影响发行人的独立性，主板要求发行人应当在招股说明书中披露已达到发行监管对公司独立性的基本要求，如果同业竞争影响企业的独立性，则会形成上市障碍。科创板和创业板则要求发行人与控股股东、实际控制人及其控制的其他企业间不存在对发行人构成重大不利影响的同业竞争。

对是否存在同业竞争,发行审核主要是从同一业务或者相似业务的实质出发,遵循实质重于形式的原则,从业务性质、业务的客户对象、产品或服务的可替代性、市场差别等方面判断,并充分考虑对拟上市公司及其他股东的客观影响,不局限于简单地从经营范围上作出判断。原则上,不能仅以区域划分、产品结构、销售对象的不同来认定不构成同业竞争。如构成同业竞争,拟上市公司应在提出发行上市申请前采取(包括但不限于)以下措施加以解决:

1. 收购竞争方拥有的竞争性业务,或者对竞争方进行吸收合并;
2. 竞争方将竞争性业务作为出资投入企业,获得企业的股份;
3. 竞争方将竞争性的业务转让给无关联的第三方;
4. 发行人放弃与竞争方存在同业竞争的业务。

除上述措施外,拟上市公司的控股股东及实际控制人还需作出今后不再进行同业竞争的书面承诺。

申请在科创板或创业板上市的企业,如存在同业竞争情形,认定同业竞争是否构成重大不利影响时,应结合竞争方与发行人的经营地域、产品或服务的定位,同业竞争是否导致发行人与竞争方之间的非公平竞争,是否导致发行人与竞争方之间存在利益输送,是否导致发行人与竞争方之间相互或者单方让渡商业机会的情形,对未来发展的潜在影响等方面进行判断。竞争方的同类收入或毛利占发行人该类业务收入或毛利的比例达30%以上的,如无充分相反证据,原则上应认定为构成重大不利影响。

110. 关联方和关联交易指什么?

关联方是指一方控制、共同控制另一方或对另一方施加重大影响以及两方或两方以上受同一方控制、共同控制或重大影响的,构成关联方。其中,控制是指有权决定一个企业的财务和经营政策,并能据以从该企业的经营活动中获取利益。共同控制是指按照合同约定对某项经济活动所共同的控制,仅在该项经济活动相关的重要财务和经营决策需要分享控制权的投资方一致同意时存在。重大影响是指对一个企业的财务和经营决策有参与决策的权力,但并不能控制或者与其他方一起控制这些政策的制定。另外,仅仅同受国家控制而不存在其他关联方关系的企业,不构成关联方。

关联交易是指关联方之间转移资源、劳务或义务的行为,而无论是否收到价款。关联交易的类型主要包括:(1)购销商品;(2)购买或销售商品以外的其他资产;(3)提供或接受劳务;(4)提供资金(贷款或股权投资);(5)担保;(6)租赁;(7)代理;(8)研究与开发项目的转移;(9)许可协议;(10)代表企业或由企业代表另一方进行债务结算;(11)关键管理人员薪酬。

111. 公司治理结构有哪些?

公司治理结构又称法人治理结构,是指根据权力机构、决策机构、执行机构和监督机构相互独立、权责明确、相互制衡的原则实现对公司的治理。公司治理结构由股东会或股东大会、董事会、监事会和管理层组成。

股东会或股东大会由公司股东组成,所体现的是所有者对公司的最终所有权,是公司的最高权力机构;董事会一般由公司股东会或股东大会选举产生,对公司的发展目标和重大经营活动作出决策,维护出资人的权益,是公司的决策机构;监事会是公司的监督机构,对公司的财务和董事及经营管理层的行为发挥监督作用;管理层一般由(总)经理及公司其他高级管理人员组成,是公司的经营者和权力决策机构的执行者。

公司治理结构是为实现资源配置的有效性,所有者(股东)对公司的经营管理和业绩改进而进行监督、激励、控制和协调的一整套制度安排,反映了决定公司发展方向和业绩的各参与方之间的关系。优化公司治理结构,对于平衡各方利益关系,促进公司效率,推动公司平稳、快速前行具有重要意义。

112. 企业的独立性指什么?

企业上市的条件诸多,其中之一即是满足独立性方面的要求,涵盖“资产、人员、财务、机构、业务”五个方面的独立性,俗称“发行人五独立”。

1. 资产独立。发行人资产完整要求生产型企业具备与生产经营有关的主要生产系统、辅助生产系统和配套设施,合法拥有与生产经营有关的主要土地、厂房、机器设备以及商标、专利、非专利技术的所有权或者使用权,具有独立的原料采购和产品销售系统;非生产型企业具备与经营有关的业务体系及主要相关资产。

2. 人员独立。发行人人员独立要求发行人的高级管理人员不在控股股东、实际控制人及其控制的其他企业中担任除董事、监事以外的其他职务;不在控股股东、实际控制人及其控制的其他企业领薪;发行人的财务人员不在控股股东、实际控制人及其控制的其他企业中兼职。

3. 财务独立。发行人财务独立要求发行人已建立独立的财务核算体系,能够独立作出财务决策,具有规范的财务会计制度和对分公司、子公司的财务管理制度,发行人未与控股股东、实际控制人及其控制的其他企业共用银行账户等。

4. 机构独立。发行人机构独立要求发行人已建立健全内部经营管理机构、独立行使经营管理职权,与控股股东和实际控制人及其控制的其他企业间不存在机构混同的情形。

5. 业务独立。发行人业务独立要求发行人的业务独立于控股股东、实际控制人及其控制的其他企业,与控股股东、实际控制人及其控制的其他企业间不存在同业竞争或者显失公平的关联交易,发行人应当具有完整的业务体系和直接面向市场独立经营的能力。

拟上市企业的独立性涉及企业资产、净利润的真实性,如果拟上市企业与控股股东、实际控制人之间独立性存在问题,控股股东、实际控制人可以通过各种方式向公司输送利益,或者转移企业利润。这样既损害公众股东的利益,也造成报表的失真。因此,对拟上市企业独立性的要求是上市时最基本的要求,企业如果存在问题,应提前予以整改,并与控股股东和实际控制人的人、财、物分离,避免因独立性问题给上市造成重大障碍。

113. 企业上市前董事、高级管理人员都不能变化吗?

企业上市审核中经常会被问及这样一个问题:根据招股说明披露,报告期内,发行人董事、高级管理人员有部分变动,请保荐机构、律师结合报告期内的董事、高级管理人员变动情况及原因,说明是否构成董事、高级管理人员的重大变化并发表明确意见。那么企业上市前董事、高级管理人员是不是就不能发生变化了?目前有关上市的法规已经给出了答案。

《首发上市管理办法》第12条规定:"发行人最近3年内主营业务和董事、高级管理人员没有发生重大变化,实际控制人没有发生变更。"《创业板首发注册办法》第12条规定,"……(二)主营业务、控制权和管理团队稳定,最近二年内主营业务和董事、高级管理人员均没有发生重大不利变化;控股股东和受控股股东、实际控制人支配的股东所持发行人的股份权属清晰,最近二年实际控制人没有发生变更,不存在导致控制权可能变更的重大权属纠纷……"《科创板首发注册办法》第12条规定,"发行人主营业务、控制权、管理团队和核心技术人员稳定,最近2年内主营业务和董事、高级管理人员及核心技术人员均没有发生重大不利变化……"

据此可知,企业上市申报时最近3年(创业板和科创板为2年)内董事、高级管理人员可以有变动,但不能发生重大变化或者重大不利变化。

那么重大变化的认定标准是什么呢?首先,应结合企业的具体情况,并依照实质大于形式的原则进行具体分析判断。其次,应考虑董事和高级管理人员的变动是否能保持企业控制权、管理层和核心人员的稳定,是否对企业生产经营的持续性、稳定性构成重大影响。根据《首发上市管理办法》的相关规定可以看出,在对企业董事、高级管理人员的变化作出限制的同时,也明确了企业的控制权和主营业务不能发生变更和重大变化,说明该规定旨在要求发行人控制权稳定和生产经营不发生重大变动。董事和高级管理人员的稳定,既是公司控制权稳定的结果,也能在一定程度上巩固公司控制权的稳定性,二者相辅相成,有利于为公司发展营造良好环境并提供稳定支持。如发行人董事、高级管理人员发生重大变化,新、旧董事、高级管理人员之间可能在经营理念、发展策略上产生较大分歧,不利于发行人未来生产经营活动的持续开展,也不利于发行人发展战略的稳定实施,对发行人业务的持续性和业绩的稳定性造成重大影响。

《上海证券交易所科创板股票发行上市审核问答》对重大不利变化的认定标准给出了明确回答,"对发行人的董事、高级管理人员及核心技术人员是否发生重大不利变化的认定,应当本着实质重于形式的原则,综合两方面因素分析:一是最近 2 年内的变动人数及比例,在计算人数比例时,以上述人员合计总数作为基数;二是上述人员离职或无法正常参与发行人的生产经营是否对发行人生产经营产生重大不利影响。变动后新增的上述人员来自原股东委派或发行人内部培养产生的,原则上不构成重大不利变化。发行人管理层因退休、调任等原因发生岗位变化的,原则上不构成重大不利变化,但发行人应当披露相关人员变动对公司生产经营的影响。如果最近 2 年内发行人上述人员变动人数比例较大或上述人员中的核心人员发生变化,进而对发行人的生产经营产生重大不利影响的,应视为发生重大不利变化"。

114. 企业上市一定要聘请独立董事吗?

根据《关于在上市公司建立独立董事制度的指导意见》(证监发〔2001〕102号)的规定,上市公司应当建立独立董事制度。因此企业上市必须聘请独立董事。

独立董事是指不在上市公司担任除董事外的其他职务,并与其所受聘的上市公司及其主要股东不存在可能妨碍其进行独立客观判断关系的董事。独立董事除行使公司董事的一般职权外,还被赋予以下特别职权:

(1)重大关联交易应由独立董事认可后,提交董事会讨论。独立董事作出判断前,可以聘请中介机构出具独立财务顾问报告,作为其判断的依据。

(2)向董事会提议聘用或解聘会计师事务所。

(3)向董事会提请召开临时股东大会。

(4)提议召开董事会。

(5)独立聘请外部审计机构和咨询机构。

(6)可以在股东大会召开前公开向股东征集投票权。

独立董事除履行上述职责外,还应当对以下事项向董事会或股东大会发表独立意见:

(1)提名、任免董事。

(2)聘任或解聘高级管理人员。

(3)公司董事、高级管理人员的薪酬。

(4)上市公司的股东、实际控制人及其关联企业对上市公司现有或新发生的总额高于300万元或高于上市公司最近经审计净资产值的5%的借款或其他资金往来,以及公司是否采取有效措施回收欠款。

(5)独立董事认为可能损害中小股东权益的事项。

(6)公司章程规定的其他事项。

独立董事应当就上述事项发表以下几类意见之一:(1)同意;(2)保留意见及其理由;(3)反对意见及其理由;(4)无法发表意见及其障碍。如有关事项属于需要披露的事项,上市公司应当将独立董事的意见予以公告,独立董事出现意见分歧无法达成一致时,董事会应将各独立董事的意见分别披露。

115. 企业上市时的生产场地可以租赁吗?

根据2006年5月开始实施的《首发上市管理办法》(已被修改)的规定:发行人应当具有完整的业务体系和直接面向市场独立经营的能力;发行人的资产完整。生产型企业应当具备与生产经营有关的生产系统、辅助生产系统和配套设施,合法拥有与生产经营有关的土地、厂房、机器设备以及商标、专利、非专利技术的所有权或者使用权，具有独立的原料采购和产品销售系统；非生产型企业应当具备与经营有关的业务体系及相关资产。

虽然 2015 年 12 月证监会修正了《首发上市管理办法》以及《首次公开发行股票并在创业板上市管理办法》（已失效），将独立性条款调整为信息披露的要求，这一调整不是降低监管标准，而是已经把企业的独立性视为企业的基本要求，发行人依然需要满足独立性的要求。

结合以上文件，证监会对发行人独立性的要求，依然没有变化，发行人的资产需要保持完整性。

生产型企业应当合法拥有与生产经营有关的土地、厂房等所有权或者使用权，这里需要强调的是，与生产经营有关的土地、厂房的拥有，可以是所有权，也可以是使用权，只要合法拥有，都不存在障碍。在实际的业务中，证监会对拟上市企业在此方面关注的重点主要包括以下 3 个方面：

1. 发行人主要经营使用的房产为租赁而非自有的情形

从上述规定可以得出，发行人不具有自有房产，而是以租赁的房产作为厂房是可行的，但是其必须充分考虑租赁房产的稳定性、持续性，充分预见未来搬迁的可行性以及未来可能会对发行人带来的损失和影响。

2. 发行人租赁大股东房产的情形

对该问题的把握，同样需要考虑发行人的资产完整与业务的独立性。一般情况下，若发行人租赁大股东的房产作为企业生产经营的主要场所，如果不将该房产纳入该发行人的上市主体内，将会影响发行人资产的完整性，从而在一定程度上影响公司的持续经营能力。因此，除非具有非常合理的商业理由或者金额占比非常小，否则需要将发行人租赁大股东的主要房产纳入上市主体内。

3. 发行人租赁具有瑕疵房产的情形

无论是发行人租赁具有瑕疵的房产，还是自有的具有瑕疵的房产，均需要结合公司的实际业务特点，考虑公司的可持续经营能力的问题，充分考虑具有瑕疵房产与发行人生产经营的重要性及依赖程度。例如，对于重资产运行的公司，存在瑕疵的房产可能对公司的生产经营造成很大的影响，这将成为重点关注的问题。如果是轻资产运行的公司，存在瑕疵的房产不会对公司的持续经营造成很大的影响，则可能不会存在较大问题。

对于公司存在瑕疵的房产（自有或者租赁）主要按照以下思路进行解决：

(1)房产存在瑕疵的主要原因和背景以及一直没有解决的原因及合理性;

(2)未来解决房产瑕疵的具体措施以及具体措施的可实现性,在解决之前是否影响发行人正常的生产经营;

(3)房产瑕疵的问题未来对生产经营及业绩的具体影响,包括若未来搬离具有瑕疵的房产,需要考虑其搬迁的成本、重新建造的成本、停工损失、租金差异;

(4)控股股东和实际控制人承诺,若因瑕疵的房产对发行人造成损失,将由其承担,同时应充分考虑未来预计损失的金额以及控股股东、实际控制人的承受能力。

116. 企业上市能够租赁控股股东及实际控制人的房产或经授权使用来自控股股东及实际控制人的商标、专利吗?

《首发业务若干问题解答》中,对发行人租赁控股股东、实际控制人的房产或者商标、专利、主要技术来自控股股东、实际控制人的授权使用的问题上,由以往的"原则上应认定为构成首次公开发行股票并上市的法律障碍"调整为"保荐机构及发行人律师应当充分核查论证,并就是否符合发行条件审慎发表意见"。

《上海证券交易所科创板股票发行上市审核问答(二)》中,对发行人租赁控股股东、实际控制人房产或者商标、专利、主要技术来自控股股东、实际控制人的授权使用时,中介机构对核查应当注意的问题进行了总结:"发行人存在从控股股东、实际控制人租赁或授权使用资产的,中介机构应当予以关注。存在以下两种情况的:一是生产型企业的发行人,其生产经营所必需的主要厂房、机器设备等固定资产系向控股股东、实际控制人租赁使用;二是发行人的核心商标、专利、主要技术等无形资产是由控股股东、实际控制人授权使用,中介机构应结合相关资产的具体用途、对发行人的重要程度、未投入发行人的原因、租赁或授权使用费用的公允性、是否能确保发行人长期使用、今后的处置方案等,充分论证该等情况是否对发行人资产完整和独立性构成重大不利影响,督促发行人做好信息披露和风险揭示,并就发行人是否符合科创板发行条件审慎发表意见。"

《深圳证券交易所创业板股票首次公开发行上市审核问答》中,对发行人租赁控股股东、实际控制人房产或者商标、专利、主要技术来自控股股东、实际控制人的授权使用时，中介机构对核查应当注意的问题进行了总结："保荐人和发行人律师通常应关注并核查以下方面：相关资产的具体用途、对发行人的重要程度、未投入发行人的原因、租赁或授权使用费用的公允性、是否能确保发行人长期使用、今后的处置方案等，并就该等情况是否对发行人资产完整和独立性构成重大不利影响发表明确意见。如发行人存在以下情形之一的，保荐人及发行人律师应当重点关注、充分核查论证并发表意见：一是生产型企业的发行人，其生产经营所必需的主要厂房、机器设备等固定资产系向控股股东、实际控制人租赁使用；二是发行人的核心商标、专利、主要技术等无形资产是由控股股东、实际控制人授权使用。"

通过上述问答可以发现，目前监管机构对发行人资产完整性的审核要求发生了较大的变化，从原来禁止租赁控股股东与实际控制人的主要厂房、机器设备或通过授权方式使用其核心商标、专利、主要技术等无形资产，调整为对上述事项可以审慎接受。

因此，如拟上市企业存在租赁控股股东及实际控制人的房产或经授权使用来自控股股东及实际控制人的商标、专利的情形，笔者建议应做到以下几点：

1. 由控股股东、实际控制人与发行人签订期限较长的书面租赁合同或知识产权授权许可合同。如知识产权的授权许可建议为独占性授权，即控股股东、实际控制人不再使用该知识产权；建议约定知识产权的授权期限应涵盖知识产权的有效期（包括续展期），防止驰名商标在合同到期后被控股股东收回，从而影响发行人的持续经营能力。

2. 约定公允的关联交易价格，防止利益输送。

3. 按照发行人内部决策程序，由董事会、股东大会审议通过，独立董事发表独立意见。

4. 发行人和中介机构对资产的具体用途，该资产对发行人的重要程度，未投入发行人的原因，今后的处置方案等有关事项进行充分披露，并充分论证该等情况不对发行人资产完整和独立性构成重大不利影响。

做到以上几点，发行人存在租赁控股股东、实际控制人房产或者商标、专利、主要技术来自控股股东、实际控制人的授权使用等情形的，不构成企业发行上市的实质性障碍，可无须清理。

117. 什么是持续经营能力?

2019年修订的《证券法》将“具有持续盈利能力,财务状况良好”变更为“具有持续经营能力”,减少了发行上市对企业盈利能力的要求,目前《首发上市管理办法》中仍要求申请发行上市的企业应具有持续盈利能力,未来这一规定也会根据《证券法》的规定予以修改。科创板和创业板的发行条件中都不再要求企业具有持续盈利能力,亏损企业只要市值符合要求,同样可以申请发行上市,但科创板和创业板都强调持续经营能力。影响企业持续经营能力的因素较为多样,包括但不限于股权权属清晰、控制权结构稳定性、各生产要素的可持续性、客户供应商的结构与开拓能力、业务模式及产品品种的影响、相关诉讼仲裁的影响及相关政策的影响等。

持续盈利能力并非严格的法律或会计术语,它与法律主体的持续经营和会计主体的持续经营假设紧密联系。盈利也即企业具有正常的营业利润,是指企业收入扣除各项成本、费用及税金后仍有剩余,持续盈利即要求若干时间内连续盈利。所谓持续经营,是指企业法人的经营活动能够延续下去,在可以预见的未来,不会因遭遇清算、解散等变故而不复存在。盈利是持续经营的重要条件,但持续经营能力并不取决于盈利,还取决于股本、融资能力等因素。持续经营是会计基本假设之一,在此假设基础上编制的历史财务报告,是投资者作出投资判断的基本依据。

118. 企业应该怎么判断自己是否有持续经营能力?

持续经营能力关系一个企业未来的发展,因此,企业上市时应重点关注是否存在影响发行人持续经营能力的以下情形:

(1)发行人所处行业受国家政策限制或国际贸易条件影响存在重大不利变化风险;

(2)发行人所处行业出现周期性衰退、产能过剩、市场容量骤减、增长停滞等情况;

(3)发行人所处行业准入门槛低、竞争激烈,相比竞争者发行人在技术、资金、规模效应方面等不具有明显优势;

(4)发行人所处行业上下游供求关系发生重大变化,导致原材料采购价格或产品售价出现重大不利变化;

(5)发行人因业务转型的负面影响导致营业收入、毛利率、成本费用及盈利水平出现重大不利变化,且最近一期经营业绩尚未出现明显好转趋势;

(6)发行人重要客户本身发生重大不利变化,进而对发行人业务的稳定性和持续性产生重大不利影响;

(7)发行人由于工艺过时、产品落后、技术更迭、研发失败等原因导致市场占有率持续下降,重要资产或主要生产线出现重大减值风险,主要业务停滞或萎缩;

(8)发行人多项业务数据和财务指标呈现恶化趋势,短期内没有好转迹象;

(9)对发行人业务经营或收入实现有重大影响的商标、专利、专有技术以及特许经营权等重要资产或技术存在重大纠纷或诉讼,已经或者未来将对发行人财务状况或经营成果产生重大影响;

(10)其他明显影响或丧失持续经营能力的情形。

如果企业存在上述情形,企业的持续经营能力会受到影响,中介机构应详细分析和评估上述情形的具体表现、影响程度和预期结果,综合判断上述情形是否对发行人持续经营能力构成重大不利影响,审慎发表明确意见,并督促发行人充分披露可能存在的持续经营风险。

119. 企业申请上市要持续盈利吗? 亏损企业可以上市吗?

2019 年修订的《证券法》将“具有持续盈利能力,财务状况良好”变更为“具有持续经营能力”,删除了对企业持续盈利能力的要求,目前科创板、创业板实行注册制以后,持续盈利能力不再作为拟申请上市企业的发行上市条件。只要企业的市值达到上市要求,都可以向交易所申请发行上市,但对未盈利的企业,在发行上市时的信息披露提出了更多更高的要求。《首发上市管理办法》第21条规定,发行人资产质量良好,资产负债结构合理,盈利能力较强,现金流量正常。因此,主板仍要求企业具备盈利能力,亏损企业暂时还不能在主板上市。

120. 我们的企业是上市公司的子公司,还能够上市吗?

上市公司的子公司能够在符合中国证监会规定的条件下分拆上市。这里提到的分拆上市,是指上市公司将部分业务或资产,以其直接或间接控制的子公司(以下简称所属子公司)的形式,在境内证券市场首次公开发行股票上市或实现重组上市的行为。上市公司分拆,是资本市场优化资源配置的重要手段,有利于企业理顺业务架构,拓宽融资渠道,获得合理估值,完善激励机制,对更好地服务科技创新和经济高质量发展具有积极意义。

根据《关于在上海证券交易所设立科创板并试点注册制的实施意见》(证监会公告〔2019〕2号)的规定,达到一定规模的上市公司,可以依法分拆其业务独立、符合条件的子公司在科创板上市。

实践中,随着资本市场的发展,部分上市公司采取多元化经营战略,涉足新的产业或行业,为实现业务聚焦与不同业务的均衡发展,提出将其部分业务分拆出来独立上市的诉求。为适应企业需要和市场发展要求,经充分评估论证,参考境外分拆制度及实践,中国证监会研究制定了《上市公司分拆所属子公司境内上市试点若干规定》(证监会公告〔2019〕27号),明确上市公司分拆子公司在境内上市的规则。上市公司分拆原则上应当同时满足以下条件:

1. 上市公司股票境内上市已满3年。

2. 上市公司最近3个会计年度连续盈利,且最近3个会计年度扣除按权益享有的拟分拆所属子公司的净利润后,归属于上市公司股东的净利润累计不低于6亿元人民币(此处所称净利润以扣除非经常性损益前后孰低值计算)。

3. 上市公司最近1个会计年度合并报表中按权益享有的拟分拆所属子公司的净利润不得超过归属于上市公司股东的净利润的50%；上市公司最近1个会计年度合并报表中按权益享有的拟分拆所属子公司净资产不得超过归属于上市公司股东的净资产的30%。

4. 上市公司不存在资金、资产被控股股东、实际控制人及其关联方占用的情形,或其他损害公司利益的重大关联交易。上市公司及其控股股东、实际控制人最近36个月内未受到过中国证监会的行政处罚;上市公司及其控股股东、实际控制人最近12个月内未受到过证券交易所的公开谴责。上市公司最近1年及一期财务会计报告被注册会计师出具无保留意见审计报告。

5. 上市公司最近3个会计年度内发行股份及募集资金投向的业务和资产,不得作为拟分拆所属子公司的主要业务和资产,但拟分拆所属子公司最近3个会计年度使用募集资金合计不超过其净资产10%的除外;上市公司最近3个会计年度内通过重大资产重组购买的业务和资产,不得作为拟分拆所属子公司的主要业务和资产。所属子公司主要从事金融业务的,上市公司不得分拆该子公司上市。

6. 上市公司董事、高级管理人员及其关联方持有拟分拆所属子公司的股份,合计不得超过所属子公司分拆上市前总股本的10%；上市公司拟分拆所属子公司董事、高级管理人员及其关联方持有拟分拆所属子公司的股份,合计不得超过所属子公司分拆上市前总股本的30%。

7. 上市公司应当充分披露并说明:本次分拆有利于上市公司突出主业、增强独立性。本次分拆后,上市公司与拟分拆所属子公司均符合中国证监会、证券交易所关于同业竞争、关联交易的监管要求,且资产、财务、机构方面相互独立,高级管理人员、财务人员不存在交叉任职,独立性方面不存在其他严重缺陷。

121. 上市需要经过哪些程序?

企业首发上市一般会经历以下程序:

1. 尽职调查

保荐机构和其他中介机构对公司进行尽职调查、问题诊断、专业培训和业务指导,学习上市公司必备知识,完善组织结构和内部管理,规范企业行为,明确业务发展目标和募集资金投向,对照发行上市条件对存在的问题进行整改,准备首次公开发行申请文件。目前已取消为期 1 年的发行上市辅导的硬性规定,但保荐机构仍需对公司进行辅导。

2. 改制与设立

拟定改制重组方案,聘请保荐机构(证券公司)和会计师事务所、资产评估机构、律师事务所等中介机构对改制重组方案进行可行性论证,对拟改制的资产进行审计、评估,签署发起人协议和起草公司章程等文件,设置公司内部组织机构,设立股份有限公司。除法律、行政法规另有规定外,股份有限公司设立取消了省级人民政府审批这一环节。

3. 申请文件的申报

企业和所聘请的中介机构,按照证监会的要求制作申请文件,保荐机构进行内核,并负责向中国证监会或证券交易所尽职推荐(主板由中国证监会审核,科创板由上海证券交易所审核,创业板由深圳证券交易所审核,报送时要向报送单位提交),符合申报条件的,中国证监会或证券交易所在 5 个工作日内受理申请文件。

4. 申请文件的审核

中国证监会或证券交易所正式受理申请文件后,对申请文件进行初审。主板审核时,中国证监会同时还会征求发行人所在地省级人民政府和国家发改委意见,并向保荐机构反馈审核意见。保荐机构组织发行人和中介机构对反馈的审核意见进行回复或整改,初审结束后发审会审核前,进行申请文件预披露,最后提交发审会审核。科创板和创业板由证券交易所审核后,还要由证券交易所将审核意见及相关材料报送中国证监会履行注册程序,中国证监会作出注册决定后,发行人可以进入发行与承销环节。

5. 路演、询价与定价

主板发行申请经发审会审核通过后,中国证监会进行核准,企业在指定报刊上刊登招股说明书摘要及发行公告等信息,证券公司与发行人进行路演,向投资者推介和询价,并根据询价结果协商确定发行价格。科创板、创业板申请企业取得中国证监会的注册决定后,在规定时间内开展路演、询价和定价工作。

6. 发行股票

发行人确定发行价格后，就可以公开发行股票，投资者缴纳股款，完成股票发行工作。

7. 上市

发行人完成公开发行股票工作后，即可向证券交易所提交上市申请，办理股份的托管与登记，由交易所安排公司股票上市交易。

以上是公司上市的总体工作程序，本书后文会提到主板、科创板和创业板的审核程序。

122. 招股说明书需要企业自己写吗？ 企业不会撰写招股说明书怎么办？

招股说明书是企业首发上市时要提交的最为核心的申请文件，也是向投资者全方面介绍展示企业情况，吸引投资者参与公司股票发行最为重要的文件，其功能类似于一般企业融资时提供的商业计划书。招股说明书用于企业首发上市的公开发行环节，其内容和专业性要求更高，按照法律法规的规定，发行人作为信息披露第一责任人，应以投资者投资需求为导向编制招股说明书，为投资者作出价值判断和投资决策提供充分且必要的信息，保证相关信息的内容真实、准确、完整。由于企业一般都不具备撰写招股说明书的能力，因此企业首发上市时的招股说明书都是由保荐人与公司共同完成。而境外证券市场首发上市时的招股说明书大多由律师负责撰写。

招股说明书是围绕投资者进行价值判断和投资决策所必需的信息编制，但与所上市的板块关联有所差异。关于招股说明书的格式及内容，主板上市可参见《公开发行证券的公司信息披露内容与格式准则第 1 号——招股说明书》，创业板上市可参见《公开发行证券的公司信息披露内容与格式准则第 28 号——创业板公司招股说明书》，科创板上市可参见《公开发行证券的公司信息披露内容与格式准则第 41 号——科创板公司招股说明书》，试点红筹企业公开发行存托凭证可参见《公开发行证券的公司信息披露编报规则第23号——试点红筹企业公开发行存托凭证招股说明书内容与格式指引》。企业在制作申请材料时应配合保荐人完成招股说明书的撰写。

招股说明书是股份公司公开发行股票时,就募股事宜发布的书面通告。由于招股说明书涉及内容较多,且具有较高的专业性要求,没有投行或法律专业知识的人很难掌握招股说明书的撰写技巧。不依赖专业人员撰写,要么不符合信息披露规则要求,要么难以引起投资者的兴趣,所以,无论在国内还是在境外,招股说明书一般都是证券服务机构负责撰写,境内上市是由保荐代表人撰写,境外上市则由律师撰写。因此企业不用担心招股说明书的撰写问题,只要配合保荐代表人或律师做好各项准备工作即可。

上市时要通过招股说明书向投资者传递企业的投资价值信息,涉及的内容非常多,以科创板为例,招股说明书的主要内容包括:

1. 本次发行概况。发行人应披露本次发行的基本情况,主要包括:(1)股票种类;(2)每股面值;(3)发行股数、股东公开发售股数(如有),占发行后总股本的比例;(4)每股发行价格;(5)发行人高管、员工拟参与战略配售情况(如有);(6)保荐人相关子公司拟参与战略配售情况(如有);(7)标明计算基础和口径的市盈率(如适用);(8)预测净利润及发行后每股收益(如有);(9)发行前和发行后每股净资产;(10)标明计算基础和口径的市净率;(11)发行方式与发行对象;(12)承销方式;(13)发行费用概算(包括承销费、保荐费、审计费、评估费、律师费、发行手续费等)。发行人股东公开发售股份的,还应披露具体方案,包括本次预计发行新股数量,发行人股东公开发售股份的数量,发行费用的分摊原则,拟公开发售股份的股东名称、持股数量及拟公开发售股份数量等。

2. 风险因素。发行人应遵循重要性原则,按顺序简明易懂地披露可能直接或间接对发行人及本次发行产生重大不利影响的所有风险因素。发行人应以方便投资者投资决策参考的原则对风险因素进行分类列示。

3. 发行人基本情况。发行人应披露其基本情况,主要包括:(1)注册中、英文名称;(2)注册资本;(3)法定代表人;(4)成立日期;(5)住所和邮政编码;(6)电话、传真号码;(7)互联网网址;(8)电子信箱;(9)负责信息披露和投资者关系的部门、负责人和电话号码,以及简要披露公司的设立情况和报告期内的股本和股东变化情况等。

4. 业务与技术。发行人应清晰、准确、客观地披露主营业务、主要产品或服务的情况等事项。

5. 公司治理与独立性。发行人应披露股东大会、董事会、监事会、独立董事、董事会秘书制度的建立健全及运行情况，说明上述机构和人员履行职责的情况。结合《公司法》、中国证监会关于公司治理的有关规定及公司章程，披露报告期内发行人公司治理存在的缺陷及改进情况以及战略、审计、提名、薪酬与考核等各专门委员会的设置情况等。

6. 财务会计信息与管理层分析。发行人应使用投资者可理解的语言，采用定量与定性相结合的方法，清晰披露所有重大财务会计信息，并结合自身业务特点和投资者决策的需要，分析重要财务会计信息的构成、来源与变化等情况，保证财务会计信息与业务经营信息的一致性等。

7. 募集资金运用与未来发展规划。发行人应结合公司现有主营业务、生产经营规模、财务状况、技术条件、管理能力、发展目标合理确定募集资金投资项目，相关项目实施后不新增同业竞争，对发行人的独立性不产生不利影响。发行人应披露其募集资金使用管理制度，以及募集资金重点投向科技创新领域的具体安排等。

8. 投资者保护。发行人应披露投资者关系的主要安排，包括信息披露制度和流程、投资者沟通渠道的建立情况以及未来开展投资者关系管理的规划等与投资者保护有关事项。

9. 其他重要事项。

10. 声明。

招股说明书是发行股票时必备的文件之一，需经证券管理机构审核、批准，也是投资者，特别是公众投资者认购该公司股票的重要参考。另外，首发上市的招股说明书应按照中国证监会规定的格式撰写。

123.

公司股权存在质押情况，影响上市吗？

股权质押是指为保障债务的履行或债权的实现，公司股东(出质人)将其持有的公司股权出质给债权人或第三人(质权人),当债务人不履行到期债务或者发生当事人约定的实现质权的情形时,债权人有权就该质押财产优先受偿。股权质押作为一种企业融资担保的方式,在上市公司中并不少见。但是企业在上市申报时是否可以存在股权质押情形,存在股权质押是否对企业上市产生实质性影响,目前没有明确规定。

由于债务人能否按约定履行债务会受到自身偿债能力、主观偿债意愿、外部条件变化多重因素的影响,因此如果债务人违约,债权人即有权对质押财产优先受偿。对股权质押而言,债权人通过行使优先受偿权可以取得出质的股权或将该等股权变现,无论选择哪种途径都将导致公司股权结构的变动,甚至产生股权纠纷,影响股权权属的清晰和稳定。

基于上述原因,证券发行监管机构在审核发行人公开发行股票时,会对其股权结构是否清晰、是否存在重大权属纠纷、实际控制人是否在规定期限内未发生变更进行重点关注,如果拟上市企业存在上述问题,则可能会构成上市的实质性障碍。因此,一般情况下企业申报上市前都会解除企业股权质押。

124. 公司存在诉讼、仲裁和行政处罚情况影响公司上市吗?

通常来说,申报文件中的招股说明书和法律意见书会有专章对"重大诉讼、仲裁事项"进行信息披露,证监会发布的《首发业务若干问题解答》中,对发行人的诉讼或仲裁事项的核查和信息披露也提出了如下要求:

1. 发行人应当在招股说明书中披露对股权结构、生产经营、财务状况、未来发展等可能产生较大影响的诉讼或仲裁事项,包括案件受理情况和基本案情,诉讼或仲裁请求,判决、裁决结果及执行情况,诉讼或仲裁事项对发行人的影响等。如诉讼或仲裁事项可能对发行人产生重大影响,应当充分披露发行人涉及诉讼或仲裁的有关风险。

2. 保荐机构、发行人律师应当全面核查报告期内发生或虽在报告期外发生但仍对发行人产生较大影响的诉讼或仲裁的相关情况,包括案件受理情况和基本案情，诉讼或仲裁请求，判决、裁决结果及执行情况，诉讼或仲裁事项对发行人的影响等。

3. 发行人提交首发申请至上市期间，保荐机构、发行人律师应当持续关注发行人诉讼或仲裁的进展情况以及发行人是否发生新的诉讼或仲裁事项。发行人诉讼或仲裁的重大进展情况以及新发生的对股权结构、生产经营、财务状况、未来发展等可能产生较大影响的诉讼或仲裁事项，应当及时补充披露。

4. 发行人控股股东、实际控制人、控股子公司、董事、监事、高级管理人员和核心技术人员涉及的重大诉讼或仲裁事项比照上述标准执行。

5. 涉及主要产品、核心商标、专利、技术等方面的诉讼或仲裁可能对发行人生产经营造成重大影响，或者诉讼、仲裁有可能导致发行人实际控制人变更，或者其他可能导致发行人不符合发行条件的情形，保荐机构和发行人律师应在提出明确依据的基础上，充分论证该等诉讼、仲裁事项是否构成本次发行的法律障碍并审慎发表意见。

总体来说，发行人及中介机构对未决诉讼以及对企业生产经营具有重大影响的诉讼，相关信息披露应尽量到位，争取在反馈环节不再被证监会关注。如果相关诉讼被聆讯时问及，需要深刻分析监管层对相关问题的关注点，然后以翔实的证据、缜密的分析和充分的底稿解释清楚相关问题。一般而言，多数情况下对涉诉问题的反馈属于证监会审核或证券交易所聆讯时的常规操作。到目前为止，只要诉讼不影响企业的持续经营能力，直接因为涉及重大诉讼而被否的案例比较少。

拟上市企业在报告期内若发生因情节严重而引起的行政处罚，可能会导致企业无法成功过会。《首发上市管理办法》第 18 条第 2 款规定，发行人不得有下列情形：最近 36 个月内违反工商、税收、土地、环保、海关以及其他法律、行政法规，受到行政处罚，且情节严重。大部分拟上市企业在报告期内受到行政处罚，最终也成功过会。有些企业可能因疏忽导致税务处罚或环保处罚等，须切记该处罚不能基于重大违法行为而发生，即企业的违法行为未被认定为情节严重。因此企业受到行政处罚，只要能取得行政机关出具的无重大违法违规的证明，就不会成为企业上市的实质性障碍。

125. 什么是募投项目？

募投项目，是指企业通过首次公开发行或再融资募集而来的资金进行投资的项目。

根据《国务院关于投资体制改革的决定》（国发〔2004〕20号）（部分失效）的规定，政府仅对重大项目和限制类项目从维护社会公共利益的角度进行核准。其他项目无论规模大小，均改为备案制。

投资项目的核准制，是企业不使用政府性资金投资建设的重大和限制类固定资产投资项目所须经过的程序，其主要法律依据是《政府核准的投资项目目录》。

投资项目的备案制，是指企业不使用政府性资金投资《政府核准的投资项目目录》以外的项目，除国家法律法规和国务院专门规定禁止投资的项目外，实行备案管理的程序。

发行人根据募投项目金额的大小可到不同层级的发改委备案（各个地方都有权限划分的文件），不一定到省发改委进行备案。有些地方企业的技术改造项目是经济委员会或经济贸易委员会审批或备案，但如果涉及固定资产投资，则需要到发改委备案。企业上市募投项目如何立项，或者如何备案，应视具体情况而定，因为这涉及拟上市公司募投项目的性质以及各地方政府对投资项目备案的不同规定。

126. 选择募投项目时应该考虑哪些因素？

募投项目是否可行，直接关系企业的未来发展和持续经营能力，影响投资者的利益。公司在选择募投项目时应重点关注以下几点：

1. 募投项目是否属于公司的主营业务。如果公司拟上市，则募投项目必须与公司的主营业务相关，募投项目的实施是公司未来收益的重要依托，而公司未来战略的落地和形象化也是通过募投项目来实现的。所以，拟上市公司募投项目需要围绕着公司的主营业务和未来业务进行布局，这样既能体现近期利润与现金流，又能适当展现公司未来中长期的技术战略布局。

2. 募投项目投产后，新增产能能否消化。现在是买方市场，我们需要关注公司现有产能是否充分利用。如果公司现有产能都没有充分利用，则新建项目完全没必要。同时我们也应关注公司募投项目建设完成后，产品是否能销售出去，尤其是在市场充分竞争的领域。

3. 募投项目是否属于固定资产投资。公司是重资产经营还是轻资产经营，没有统一定论，需具体结合公司经营情况和行业特点。但是撇开行业特性，走重资产经营路线的公司需要大量资金投入，一旦公司资金紧张，则可能会耽误公司的生产经营。走轻资产经营路线的公司则因为账面有大量资金，无论是在渠道建设还是在研发方面，都有优势。重资产经营的公司折旧费用可能过高，轻资产经营的公司租金可能过高，但总体来说二者对利润表的影响差不多。

同时，我们也要关注公司是否已具备开展募投项目相关业务的资质；募投项目是否符合国家和地方环保要求；募投项目相关土地是否存在瑕疵等。

127. 上市使企业处于监管之下，是否会在一定程度上阻碍企业发展？

对很多中国企业家来说，公司上市是企业发展的一个重要战略目标。但公司上市同样会使企业得到更多的关注，受到中国证监会、证券交易所等机构的监管，会影响企业的决策及经营活动，其不利主要表现在：

1. 增加维护成本。上市公司要设立独立董事、独立监事等，要在媒体披露信息，相应地，会增加广告费、审计费和薪酬等营运成本。

2. 管理层压力增加。股民对业绩和回报有一定的要求。如果经营不佳，业绩下降,公司股票会遭到投资者冷遇,甚至有退市的可能性。

3. 对大股东的约束力有所增加。上市后股东增多,对大股东的约束力也有所增加。企业重大经营决策需要履行一定的程序,必须尊重小股东的权利,这样有可能失去部分作为私人企业所享受的经营灵活性。

4. 公司透明度提高。从大的方面来看,提高透明度并非坏事,但有时主营业务、市场策略和财务等方面的信息披露会对竞争对手有利。

但不容忽视的是,公司上市开辟了一条新的直接融资渠道,能够充分运用资本的力量支持公司发展。企业上市后,成为一家公众公司,大大提升了公司品牌影响力和知名度。同时,企业上市后要求建立一套规范的管理体制和财务体制,对于提升公司的管理水平也有一定的促进作用。

因此,上市公司受到的监管比较严厉,成本也比较高,在很大程度上,此种监管的目的在于促进上市公司的规范经营,维护市场经济稳定。对于那些结构合理、财务规范、运行平稳的上市公司来说,此种监管并不会构成阻碍公司发展的因素。

128. 如何判断所属行业是否适合上市?

《首发上市管理办法》明确规定,发行人的生产经营须符合法律、行政法规和公司章程的规定,并符合国家产业政策。

下列行业(或业务)将受到限制:

(1)国家发改委最新发布的《产业结构调整指导目录》中限制类、淘汰类的行业及国家专项宏观政策调控的行业;

(2)有些行业虽不受限制,但法律、政策对相关业务有特别制约的,也将受到限制,如国家风景名胜区的门票经营业务、报刊等媒体采编业务、有保密要求导致不能履行信息披露义务最低标准的业务等。

对于特殊行业,在审核实践中通常会从以下几个方面判断:

(1)企业经营模式的规范性、合法性;

(2)募集资金用途的合理性;
(3)所属行业技术标准的成熟度;
(4)所属行业监管制度的完备性;
(5)市场的接受程度;
(6)对加快经济增长方式转变、经济结构战略性调整的推动作用;
(7)所属行业上市与公众利益的契合度。

129. 上市前能否对员工进行股权激励? 该如何设计员工持股平台?

上市前可以对员工进行股权激励。股权激励的对象范围主要是公司高级管理人员及核心员工、业务技术骨干,有些企业也会扩大到普通员工。通过股权激励,将所有者与经营者的利益联系到一起,形成利益共同体。

拟上市公司实施员工持股,一般有自然人直接持股、通过设立有限责任公司间接持股、通过合伙企业持股三种持股安排方式。

1. 自然人直接持股

自然人直接持股是目前较为普遍的模式之一。员工以本人的名义,通过拟上市主体增资扩股或者受让原股东股权的方式直接持有拟上市主体的股份或股权。须注意的是,拟上市主体在有限公司阶段,其股东人数合计不得超过 50 人;在股份有限公司阶段,其股东人数合计不得超过 200 人。

2. 通过设立有限责任公司间接持股

通过设立有限责任公司来安排员工间接持股的模式也较为普遍。通常的做法是,员工出资设立一个有限责任公司,通过受让原股东股权或对拟上市主体增资扩股的方式,使该公司成为拟上市主体的股东。在这种模式下,通过持股公司转让限售股,所有股东须同步转让股权。该持股公司可以通过在公司章程中作出特殊规定,更方便地限制和管理员工股权变动,扩大或减少员工持股比例,而不影响拟上市主体的股权结构。若拟上市主体为中外合资企业,这种方式还可以规避中国自然人不能直接成为中外合资经营企业股东的限制。此外,核心员工通过持股公司间接持股的，拟上市主体的股东人数需要穿透计算，股东人数不能超过 200 人。

3. 合伙企业持股

拟上市企业也可以安排员工通过新设合伙企业进行持股。合伙企业持股可以避免双重征税，但需要注意的是，通过合伙企业方式持股，也不能规避上市主体股东 200 人的人数限制，另外，通过合伙企业转让限售股，所有合伙人只能同步转让股权。

实践中，拟上市企业针对不同员工的作用和特点，也可以实行上述几种持股方式并存的模式。

130. 企业的市盈率是否和上市地有关？

就境内市场而言，企业市盈率与企业的成长性与科技属性有很大的关联，和上市地的关联没有直接依据。由于科创板和创业板企业有较高的成长性及科技属性，投资者会给予较高的估值，从这方面来看，在科创板和创业板上市的企业与主板上市的企业在市盈率方面会有差异。影响企业市盈率高低的要素包括：

1. 投资者群体。投资者群体是影响企业市盈率的重要因素，投资者群体的结构和投资者群体的偏好都会影响企业的市盈率。

2. 交易制度。交易制度影响股票的流通性，一般而言，在同等条件下，流通性越好，股票市盈率就越高。

3. 企业自身素质。公司所处行业的景气度、公司治理水平、盈利能力、股利分红政策等因素也会影响企业的市盈率水平。

4. 企业的成长性。快速成长的企业未来可以得到更多的分红回报，投资者有更好的预期，愿意给企业更高的估值。

主板和创业板拥有相同的投资者群体与交易制度，因此一家企业的市盈率高低主要由企业自身素质决定。

另外，一家企业的市盈率也不取决于所在板块的平均市盈率。这是因为一个板块的平均市盈率是指该板块所有上市公司的加权平均市盈率，因上市公司不同，不同板块会有不同的市盈率，也就是说，不是所在板块的平均市盈率影响了企业的市盈率，而是企业的市盈率影响了所在板块的平均市盈率。

131. 如何选择合适的上市主体、确定上市架构？

合适的上市主体应符合《首发上市管理办法》规定的发行条件，主要包括主体资格、规范运行以及财务与会计等方面的一系列规定。企业在选择上市主体、确立上市架构时通常应重点考虑以下因素：

1. 主体资格

实务中，公司实际控制人有时会经营多项业务。若各业务主体互不相关，可分别独立上市；若各业务之间有较强相似或相关性，根据整体上市的要求，企业一般需要对这些业务进行重组整合。被重组方重组前一个会计年度末的资产总额或前一个会计年度的营业收入或利润总额达到或超过重组前发行人相应项目100%的，发行人重组后运行一个会计年度后方可申请发行。此外，在选择上市主体时，建议将历史沿革规范、股权清晰、主业突出、资产优质、盈利能力强的公司确定为上市主体，并以此为核心构建上市架构。创业板要求上市主体应当经营一种业务，而主板和中小板的发行人可以多主业经营。

2. 独立性

上市主体的选择应当有利于消除同业竞争，减少不必要的关联交易，保持资产、人员、财务、机构、业务独立，并在招股说明书中披露已达到发行监管对公司独立性的基本要求。

3. 规范性

上市主体应建立健全完善的股东大会、董事会、监事会制度，相关机构和人员能够依法履行职责。上市主体最近3年不得存在重大违法违规行为，发行人的董事、监事和高级管理人员符合相应的任职要求。上市主体产权关系清晰，不存在法律障碍，在重组中应剥离非经营资产和不良资产，明确进入股份公司与未进入股份公司资产的产权关系，使股份公司资产结构、股权结构规范合理。

4. 财务要求

上市主体的选择应使其经营业绩具有连续性和持续盈利能力，内控规范健全，关联交易价格公允，不存在通过关联交易操纵利润的情形，不存在重大偿债风险，并且符合财务方面的发行条件。

132. 什么是重大违法行为？如何把握？

企业在证券交易所发行上市申报前的报告期内不得有重大违法行为是各个板块的统一要求。《首发上市管理办法》第 18 条规定："发行人不得有下列情形：……（二）最近 36 个月内违反工商、税收、土地、环保、海关以及其他法律、行政法规，受到行政处罚，且情节严重……"《科创板首发注册办法》第 13 条及《创业板首发注册办法》第 13 条均规定，"最近 3 年内，发行人及其控股股东、实际控制人不存在贪污、贿赂、侵占财产、挪用财产或者破坏社会主义市场经济秩序的刑事犯罪，不存在欺诈发行、重大信息披露违法或者其他涉及国家安全、公共安全、生态安全、生产安全、公众健康安全等领域的重大违法行为"。

企业在发行上市前 3 年内的重大违法行为是企业上市的实质性障碍。如何认定企业是否存在重大违法行为呢？

所谓重大违法行为是指违反国家法律、行政法规，受到刑事处罚或行政处罚且情节严重的行为。认定重大违法行为应考虑以下因素：

（1）存在贪污、贿赂、侵占财产、挪用财产或者破坏社会主义市场经济秩序等刑事犯罪，原则上应认定为重大违法行为。

（2）被处以罚款以上行政处罚的违法行为，如有以下情形之一且中介机构出具明确核查结论的，可以不认定为重大违法：①违法行为显著轻微、罚款数额较小；②相关处罚依据未认定该行为属于情节严重；③有权机关证明该行为不属于重大违法。但违法行为导致严重环境污染、重大人员伤亡、社会影响恶劣等并被处以罚款以上行政处罚的，不适用上述情形。

(3)发行人合并报表范围内的各级子公司,若对发行人主营业务收入或净利润不具有重要影响(占比不超过5%),其违法行为可不视为发行人本身存在相关情形,但其违法行为导致严重环境污染、重大人员伤亡或社会影响恶劣的除外。

(4)最近3年重大违法行为的起算时点,从刑罚执行完毕或行政处罚执行完毕之日起计算。

发行上市企业如果存在被处以罚款以上行政处罚的违法行为,需要保荐机构和发行人律师对是否构成重大违法行为及发行上市的法律障碍发表明确意见。

对发行人及其控股股东、实际控制人涉及国家安全、公共安全、生态安全、生产安全、公众健康安全等领域,存在被处以罚款等处罚且情节严重;导致严重环境污染、重大人员伤亡、社会影响恶劣等违法行为之一的,原则上视为重大违法行为。但有以下情形之一且中介机构出具明确核查结论的,可以不认定为重大违法:违法行为显著轻微、罚款数额较小;相关规定或处罚决定未认定该行为属于情节严重;有权机关证明该行为不属于重大违法。但违法行为导致严重环境污染、重大人员伤亡、社会影响恶劣等并被处以罚款等处罚的,则须认定为重大违法行为。

企业在报告期内出现重大违法行为,会成为首发上市的重大障碍,因此,企业在经营中应高度重视重大违法行为带来的上市风险。

第八章　上 市 辅 导

133. 上市辅导是干什么的？

上市辅导是拟上市企业申报材料前必经的一个程序。根据《证券发行上市保荐业务管理办法》的规定，保荐机构在推荐发行人首发上市前，应当对发行人进行辅导，对发行人的董事、监事和高级管理人员、持有5%以上股份的股东和实际控制人（或者其法定代表人）进行系统的法律法规证券市场知识培训，使其全面掌握发行上市、规范运作等方面的有关法律法规和规则，知悉信息披露和履行承诺等方面的责任和义务，树立进入证券市场的诚信意识、自律意识和法律意识。

上市辅导一般由上市企业聘请的证券公司担任上市辅导机构，并由上市辅导机构向拟上市企业所在地的证监会派出机构提交辅导申请，并由辅导机构组织相关的知识培训。

从以上规定来看，辅导对象包括发行人的董事、监事和高级管理人员，持有5%以上股份的股东和实际控制人（或者其法定代理人），上市辅导的主要目的是让企业的主要股东、实际控制人、董事、监事、高级管理人员熟悉发行上市及规范运作的相关规定，了解信息披露的规则等，避免企业上市后出现重大违规行为。

134. 上市辅导的内容有哪些？

根据《证券发行上市保荐业务管理办法》的规定，在 IPO 提交申报材料前，由辅导机构进行上市辅导的内容主要有以下几个方面：

(1)《公司法》《证券法》相关的法律法规；

(2)证券市场知识；

(3)与发行上市相关的法律法规及规章、规则等；

(4)公司治理方面的规定；

(5)公司章程及相关议事规则；

(6)保荐机构认为应该辅导的其他内容。

从上述规定来看，上市辅导的主要意图是要督促拟上市企业的主要股东、实际控制人、董事、监事、高级管理人员了解上市的规则和规定，提高企业规范运作能力。上市辅导主要由证券公司负责，有时也会组织律师、会计师共同组织辅导工作。

135. 上市辅导需要多长时间？

核准制下，上市辅导的时间一般在 3 个月以上，目前中国证监会对上市辅导没有硬性的要求，具体时间依据各地证监局对上市辅导的时间要求而定，只要按规定提交辅导工作备案报告，经拟上市企业所在地的证监局验收后即完成辅导阶段的工作。

证监局对上市辅导的验收一般通过考试或其他手段完成，如果企业不能完成辅导验收，则应延长辅导时间，等验收通过后才能向中国证监会或证券交易所提交申报材料。

136. 怎样才算符合上市辅导要求？

上市辅导合格应符合各地证券机构的辅导验收要求。辅导、验收的目的是督促辅导机构协助拟发行人建立良好的公司治理、规范的会计行为、有效的内控制度；督促拟发行人的董事、监事和高级管理人员、持有5%以上股份的股东和实际控制人（或者其法定代表人）全面理解发行上市有关法律法规、证券市场规范运作和信息披露的基本规则，树立诚信意识、规范意识和法律意识，进而提高拟上市公司发行申请工作质量，提高辅导、验收工作的质量和效率，从源头上提高上市公司质量。辅导验收重点关注辅导机构尽职调查工作的履行情况，辅导计划和实施方案的执行情况，保荐业务工作底稿和尽职调查工作日志的完整性，其他中介机构的工作质量以及辅导机构对拟发行人的独立性、同业竞争情况、关联交易的公允性、公司治理、财务制度基础等发表的意见。辅导工作满足验收的目的和关注的问题即是符合要求。

第九章　申报与审核

第一节　新三板挂牌的申报与审核

137. 新三板申报要提供哪些材料？

拟在新三板即全国股转系统挂牌的企业，分不同情况，按照挂牌规则的要求制作并提交相应的申请文件：

1. 股东人数不超过200人的公司申请挂牌

股东人数不超过200人的公司申请股票在全国股转系统挂牌的，申请公司、主办券商和其他相关中介机构应当按照《全国中小企业股份转让系统公开转让说明书内容与格式指引（试行）》《全国中小企业股份转让系统挂牌申请文件内容与格式指引》等要求制作申请文件，并提交至全国股转系统。

这些申请文件包括两部分，一部分是要求披露的文件，另一部分是不要求披露的文件，具体如下：

第一部分　要求披露的文件

第一章　公开转让说明书及推荐报告

1－1　公开转让说明书（申报稿）

1－2　财务报表及审计报告

1－3　法律意见书

1－4　公司章程

1－5　主办券商推荐报告

1-6 定向发行说明书(如有)

1-7 设置表决权差异安排的股东大会决议(如有)

第二部分 不要求披露的文件

第二章 申请挂牌公司相关文件

2-1-1 向全国股转系统提交的申请股票在全国股转系统公司挂牌及股票发行(如有)的报告

2-1-2 向中国证监会提交的申请股票挂牌公开转让(或/并)股票发行的报告(如有)

2-2 有关股票在全国股转系统公司挂牌及股票发行(如有)的董事会决议

2-3 有关股票在全国股转系统公司挂牌及股票发行(如有)的股东大会决议

2-4 企业法人营业执照

2-5 股东名册及股东身份证明文件

2-6 董事、监事、高级管理人员名单及持股情况

2-7 申请挂牌公司设立时和最近两年及一期的资产评估报告

2-8 申请挂牌公司最近两年原始财务报表与申报财务报表存在差异时,需要提供差异比较表(如有)

2-9 申请挂牌公司全体董事、监事和高级管理人员签署的《董事(监事、高级管理人员)声明及承诺书》

2-10 申请挂牌公司关于授权全国股转系统代为向中国证监会报送股票挂牌公开转让(或/并)定向发行申请文件等有关事宜的委托书(如有)

第三章 主办券商相关文件

3-1 主办券商与申请挂牌公司签订的推荐挂牌并持续督导协议

3-2 尽职调查报告

3-3 尽职调查工作文件

3-3-1 尽职调查工作底稿目录、相关工作记录和经归纳整理后的尽职调查工作表

3-3-2 有关税收优惠、财政补贴的依据性文件

3－3－3 历次验资报告

3－3－4 对持续经营有重大影响的业务合同

3－4 内核意见

3－4－1 内核机构成员审核工作底稿

3－4－2 内核会议记录

3－4－3 对内核会议反馈意见的回复

3－4－4 内核机构对内核会议落实情况的补充审核意见

3－5 主办券商推荐挂牌内部核查表及主办券商对申请挂牌公司风险评估表

3－6 主办券商自律说明书

3－7 主办券商业务备案函复印件（加盖机构公章并说明用途）及项目组成员任职资格说明文件

第四章 其他相关文件

4－1 申请挂牌公司全体董事、主办券商及相关中介机构对申请文件真实性、准确性和完整性的承诺书

4－2 相关中介机构对纳入公开转让说明书等文件中由其出具的专业报告或意见无异议的函

4－3 申请挂牌公司、主办券商对电子文件与预留文件保持一致的声明，以及律师关于电子文件与预留文件一致的鉴证意见

4－4 律师、注册会计师及所在机构的相关执业证书复印件（加盖机构公章并说明用途）

4－5 国有资产管理部门出具的国有股权设置批复文件及商务主管部门出具的外资股确认文件（如有）

4－6 证券简称及证券代码申请书

4－7 前次申报有关情况的专项说明（如有）

4－8 不予披露相关信息的原因说明或其他文件（如有）

2. 股东人数超过 200 人的公司申请挂牌

股东人数超过 200 人的公司申请股票挂牌公开转让的，申请公司、主办券商和其他相关中介机构应当按照《非上市公众公司信息披露内容与格式准则第 1 号——公开转让说明书》《非上市公众公司信息披露内容与格式准则第 2

号——公开转让股票申请文件》等要求制作申请文件，并提交至全国股转系统。相关主体应当一并提交《全国中小企业股份转让系统挂牌申请文件内容与格式指引》规定的其他文件。

股东人数超过200人的公司申请股票挂牌公开转让的，应提交下列文件：

第一章　公开转让说明书及授权文件

1－1　申请人关于公开转让的申请报告

1－2　公开转让说明书（申报稿）

1－3　申请人董事会有关公开转让的决议

1－4　申请人股东大会有关公开转让的决议

第二章　主办券商推荐文件

2－1　主办券商关于公开转让的推荐报告

第三章　自律管理文件

3－1　全国股转系统的自律监管意见

第四章　证券服务机构关于公开转让的文件

4－1　财务报表及审计报告（申请人最近两年原始财务报表与申报财务报表存在差异时，需要提供差异比较表及注册会计师对差异情况出具的意见）

4－2　申请人律师关于公开转让的法律意见书

4－3　申请人设立时和最近2年及1期的资产评估报告

第五章　其他文件

5－1　申请人的企业法人营业执照

5－2　申请人公司章程（草案）

5－3　国有资产管理部门出具的国有股权设置批复文件及商务主管部门出具的外资股确认文件

3. 申请挂牌同时定向发行股票

申请挂牌同时定向发行股票的，除按照上述规定制作申请文件外，申请公司、主办券商和其他相关中介机构还应当按照《全国中小企业股份转让系统股票定向发行规则》等要求制作发行申请文件，并在提交挂牌申请文件时一并提交至全国股转系统。定向发行相关的文件包括：

第一章　定向发行说明书及授权文件

1－1 申请人关于定向发行的申请报告
1－2 定向发行说明书
1－3 申请人关于定向发行的董事会决议
1－4 申请人关于定向发行的股东大会决议
第二章 定向发行推荐文件
2－1 主办券商定向发行推荐工作报告
第三章 自律管理文件
3－1 全国股转系统的自律监管意见(如有)
第四章 证券服务机构关于定向发行的文件
4－1 最近2年的财务报告和审计报告及最近1期(如有)的财务报告
4－2 法律意见书
4－3 关于申请电子文件与预留文件一致的鉴证意见
4－4 本次定向发行收购资产相关的最近1年及1期(如有)的财务报告及其审计报告、资产评估报告(如有)
第五章 其他文件
5－1 国资、外资等相关主管部门的审批、核准或备案文件(如有)

公开转让说明书、定向发行说明书的撰写一般是由公司聘请的主办券商协助完成，但挂牌公司及其董事、监事、高级管理人员应对所披露的信息真实、准确、完整，不存在虚假记载、误导性陈述或重大遗漏承担责任。

138. 新三板挂牌的受理及审核程序是什么？

新三板挂牌审核应经过受理、职能部门审查、反馈及质控会审议，出具同意挂牌的函，公司申请挂牌的同时定向发行股票，且发行后股东人数累计超过200人的，全国股转系统公司审查同意后，还要报送中国证监会审核。

1. 受理

股东人数不超过200人的公司申请股票在全国股转系统挂牌的，申请挂牌公司、主办券商和其他相关中介机构应当按照《全国中小企业股份转让系统公开转让说明书内容与格式指引（试行）》《全国中小企业股份转让系统挂牌申请文件内容与格式指引》等要求制作申请文件，并提交至全国股转系统有限责任公司。

股东人数超过200人的公司申请股票挂牌公开转让的，申请挂牌公司、主办券商和其他相关中介机构应当按照《非上市公众公司信息披露内容与格式准则第1号——公开转让说明书》《非上市公众公司信息披露内容与格式准则第2号——公开转让股票申请文件》等要求制作申请文件，并提交至全国股转系统有限责任公司。相关主体应当一并提交《全国中小企业股份转让系统挂牌申请文件内容与格式指引》规定的其他文件。

申请挂牌的同时定向发行股票的，申请挂牌公司、主办券商和其他相关中介机构应当按照《全国中小企业股份转让系统股票定向发行规则》等要求制作发行申请文件，并在提交挂牌申请文件时一并提交至全国股转系统有限责任公司。

全国股转系统有限责任公司在收到符合受理条件的申请文件后，2个交易日内完成受理程序。申请文件正式受理当日，申请挂牌公司应将其公开转让说明书（申报稿）、审计报告、法律意见书、主办券商推荐报告、定向发行说明书（如有）、设置表决权差异安排的股东大会决议（如有）等文件在规定的信息披露平台披露。

2. 审查、反馈及质控会议审议

申请挂牌公司的申请材料受理后，全国股转系统有限责任公司审查职能部门启动对其进行审查，并在自受理之日起10个交易日内出具首轮反馈意见；无须出具反馈意见的，提请召开审查职能部门质控会进行审议。

申请挂牌公司、主办券商和其他中介机构应当逐一落实反馈意见，并在反馈意见要求的时间内（不超过10个交易日）提交书面回复文件。对反馈意见有疑问的，可通过电话、电子邮件等方式与审查职能部门进行沟通。如申请公司需要延期回复的，应在回复截止日前提交延期申请，说明延期原因并明确回复时间，延长期限最长不得超过30日。

申请公司、主办券商和其他中介机构提交书面回复文件后，审查职能部门召开质控会审议项目情况，经质控会审议认为仍须继续反馈的，在收到反馈回复之日起10个交易日内发出；经质控会审议认为无须继续反馈的，在履行全国股转系统有限责任公司内部程序后出具自律审查意见。

3. 出具同意挂牌的函

(1)股东人数不超过 200 人

股东人数不超过 200 人的公司申请股票在全国股转系统挂牌,全国股转系统有限责任公司审查同意的,出具同意挂牌的函。公司申请挂牌的同时定向发行股票,且发行后股东累计不超过 200 人的,全国股转系统有限责任公司经审查同意,出具同意挂牌及发行的函。

(2)股东人数超过 200 人

股东人数超过 200 人的公司申请股票挂牌公开转让,全国股转系统有限责任公司审查同意的,出具同意挂牌公开转让的自律监管意见,并根据申请公司的委托,将自律监管意见、相关审查文件和公司申请文件报送中国证监会。中国证监会对公司的挂牌公开转让申请作出核准决定后,全国股转系统有限责任公司出具同意挂牌的函。全国股转系统有限责任公司审查不同意的,作出终止审查的决定。

公司申请挂牌的同时定向发行股票,且发行后股东人数累计超过 200 人的,全国股转系统有限责任公司经审查同意,出具同意挂牌公开转让及发行的自律监管意见,并根据申请公司的委托,将自律监管意见、相关审查文件和公司申请文件报送中国证监会。中国证监会对公司的挂牌公开转让和发行申请作出核准决定后,全国股转系统有限责任公司出具同意挂牌的函。申请挂牌公司依据该函,可安排挂牌事宜。

139. 新三板挂牌申请公司取得全国股转系统同意挂牌函以后还要做哪些工作?

全国股转系统有限责任公司出具同意挂牌的函或同意挂牌及发行的函后,还要完成首次信息披露、编制和提交股票初始登记申请表、股票登记及挂牌手续。申请挂牌同时定向发行股票的,公司应当在取得全国股转系统有限责任公司同意挂牌及发行的函后，或在中国证监会作出核准决定且取得全国股转系统有限责任公司同意挂牌的函后，安排认购、缴款、验资等事项。

在全国股转系统的股票挂牌程序有：

1. 股东开户

主办券商协助申请公司在向全国股转系统有限责任公司报送挂牌及发行（如有）申请文件前，完成现有股东证券账户的开立工作。如股东属于境外机构或个人、境内个人独资企业等特殊情形的，应根据中国证券登记结算有限责任公司的有关规定办理。

2. 中国结算在线业务平台注册

申请公司在收到全国股转系统有限责任公司出具的申请材料受理通知书后，应当按照中国证券登记结算有限责任公司北京分公司关于证券登记的相关要求，通过中国证券登记结算有限责任公司北京分公司在线业务平台办理注册，取得中国证券登记结算有限责任公司北京分公司发放的 USB - KEY，用于办理股份登记等相关业务。

3. 申请证券简称和证券代码

申请公司在向全国股转系统有限责任公司报送挂牌及发行（如有）申请文件时，应当一并提交《证券简称及证券代码申请书》，并由主办券商协助申请公司将拟定的证券简称填报在全国股转系统业务支持平台申请公司基本情况中。

4. 取得同意函、证券简称及证券代码

全国股转系统有限责任公司向申请公司出具同意挂牌的函或同意挂牌及发行的函后，主办券商应当协助申请公司在全国股转系统业务支持平台“挂牌审核管理”模块中的“待确认归档”任务栏找到已经获得同意的项目，完成项目归档后，在“挂牌项目”栏目中查询并下载出具同意挂牌的函或同意挂牌及发行的函。

申请公司应当在出具同意挂牌的函或同意挂牌及发行的函的有效期内完成股票定向发行（如有）及股票挂牌程序。

申请公司到全国股转系统业务支持平台“股票初始登记管理”模块中的“待提交初始登记申请列表”任务栏取得证券简称和证券代码。

5. 办理挂牌前首次信息披露

在取得同意函、证券简称及证券代码后，主办券商应当及时协助申请公司在财务报表有效期内的交易日 20 时前通过全国股转系统业务支持平台完成首次信息披露。披露文件有公开转让说明书、财务报表及审计报告、法律意见书、补充法律意见书(如有)、公司章程、主办券商推荐报告、定向发行说明书(如有)、设置表决权差异安排的股东大会决议(如有)、全国股转系统有限责任公司同意挂牌的函或全国股转系统有限责任公司同意挂牌及发行的函、中国证监会核准文件(如有)、其他公告文件(如有)。

6. 定向发行认购程序(如有)

申请挂牌同时定向发行的,在取得同意函并完成首次信息披露后,主办券商应当协助申请公司按照《全国中小企业股份转让系统股票定向发行指南》的要求完成认购与缴款、签订募集资金专户三方监管协议与验资等发行程序。

7. 上传股票初始登记申请表等文件

完成首次信息披露及定向发行认购程序(如有)后,主办券商应当协助申请公司根据《公司法》《证券法》《全国中小企业股份转让系统业务规则(试行)》《全国中小企业股份转让系统股票定向发行规则》等法律法规、业务规则的规定及自愿限售情况,准确计算挂牌当日可进入全国股转系统交易的股票数量;主办券商应当协助申请公司在 BPM 系统“股票初始登记管理”模块中的“待提交初始登记申请列表”上传股票初始登记申请表,该表格为办理股票初始登记的依据。表格信息填写有误被驳回的,申请公司需修改后重新上传。

申请挂牌同时定向发行的,应在股票初始登记申请表中根据定向发行前后的股票情况分别填报。

申请挂牌同时定向发行的,主办券商在协助申请公司上传初始登记申请表的同时,还应当按照《全国中小企业股份转让系统股票定向发行指南》的要求,上传下列附件:验资报告、募集资金专户三方监管协议、自愿限售申请材料(如有)、定向发行重大事项确认函等文件。

8. 披露发行情况报告书、进入创新层意见(如有)

申请挂牌同时定向发行的,主办券商在协助申请公司上传股票初始登记申请表的同时,还应当按照《全国中小企业股份转让系统股票定向发行指南》的要求,上传并披露发行情况报告书、主办券商关于申请公司是否符合创新层条件的专项意见(如有),上述文件经全国股转系统有限责任公司确认后披露。

9. 完成缴费

全国股转系统有限责任公司对申请公司提交的股票初始登记申请表及相关

附件予以确认后,按照初始登记的股份情况为申请公司生成缴费通知单。在缴费通知单生成后,主办券商应当及时协助申请公司完成缴费。实行暂免征收挂牌费用的申请公司按照相关政策执行。

全国股转系统有限责任公司收到挂牌费用后,为申请公司开具发票并转交其主办券商,主办券商应当及时将发票转交至申请公司。

10. 办理股票初始登记

全国股转系统有限责任公司将申请公司的同意函和股票初始登记数据通过全国股转系统业务支持平台传送至中国证券登记结算有限责任公司北京分公司在线业务平台。

申请公司在取得同意函、证券简称和证券代码,并完成定向发行认购程序(如有)及发行情况报告书等文件的披露(如有)后,应当及时向中国证券登记结算有限责任公司北京分公司申请办理股票初始登记,取得电子版的《股份登记确认书》等证明文件。中国证券登记结算有限责任公司北京分公司通过其在线业务平台将股票初始登记数据回传至全国股转系统 BPM 系统。

11. 办理股票挂牌

在中国证券登记结算有限责任公司北京分公司在线业务平台取得《股份登记确认书》等证明文件后,主办券商应当协助申请公司及时办理股票挂牌手续,在每个交易日 11 时前,通过全国股转系统业务支持平台“股票初始登记管理”模块中的“待提交公开转让列表”任务栏提交《公开转让记录表》及《股票挂牌重大事项确认函》等材料。

全国股转系统有限责任公司对《公开转让记录表》及《股票挂牌重大事项确认函》等材料确认后,主办券商可在 BPM 系统查询到股票挂牌日期,挂牌日期为全国股转系统有限责任公司确认股票挂牌信息当日起算的第 3 个交易日,主办券商协助申请公司办理挂牌前的第二次信息披露。

12. 挂牌前的第二次信息披露

申请挂牌公司应在主办券商的协助下,在挂牌日的前一个交易日 15 时前进行第二次信息披露,披露的文件包括:(1)关于股票挂牌的提示性公告;(2)关于完成工商变更登记手续的公告(如有);(3)其他公告文件(如有)等。15 时 30 分后相关文件将在全国股转系统网站上进行披露。

140. 北京证券交易所设立后，还能向全国股转系统申请到精选层发行吗？

北京证券交易所成立后，全国股转系统不再设置精选层，符合北京证券交易所发行上市条件的全国股转系统创新层挂牌公司，可以直接向北京证券交易所提供发行上市申请材料，由北京证券交易所审核后，报中国证监会注册。注册通过后，即可按照规定的程序申请股票发行并上市交易事宜。

第二节　主板首发上市的申报与审核

141. 主板首发上市需要提交哪些申报材料？

在主板首发上市提交的申报材料较多，发行人在申请时均由保荐人、律师和会计师协助企业共同制作申请文件，部分文件在提交前还要经律师鉴证。主板首发上市时应提交的申报材料有：

1. 招股说明书与发行公告

1－1　招股说明书（申报稿）

1－2　招股说明书摘要（申报稿）

1－3　发行公告（发行前提供）

2. 发行人关于本次发行的申请及授权文件

2－1　发行人关于本次发行的申请报告

2－2　发行人董事会有关本次发行的决议

2－3　发行人股东大会有关本次发行的决议

3.保荐人关于本次发行的文件

3－1　发行保荐书

4.会计师关于本次发行的文件

4－1　财务报表及审计报告

4－2　盈利预测报告及审核报告

4－3　内部控制鉴证报告

4－4　经注册会计师核验的非经常性损益明细表

5.发行人律师关于本次发行的文件

5－1　法律意见书

5－2　律师工作报告

6.发行人的设立文件

6－1　发行人的企业法人营业执照

6－2　发起人协议

6－3　发起人或主要股东的营业执照或有关身份证明文件

6－4　发行人公司章程(草案)

7.关于本次发行募集资金运用的文件

7－1　募集资金投资项目的审批、核准或备案文件

7－2　发行人拟收购资产(或股权)的财务报表、资产评估报告及审计报告

7－3　发行人拟收购资产(或股权)的合同或合同草案

8.与财务会计资料相关的其他文件

8－1　发行人关于最近三年及一期的纳税情况的说明

8－1－1　发行人最近三年及一期所得税纳税申报表

8－1－2　有关发行人税收优惠、财政补贴的证明文件

8－1－3　主要税种纳税情况的说明及注册会计师出具的意见

8－1－4　主管税收征管机构出具的最近三年及一期发行人纳税情况的证明

8－2　成立不满三年的股份有限公司需报送的财务资料

8－2－1　最近三年原企业或股份公司的原始财务报表

8－2－2　原始财务报表与申报财务报表的差异比较表

8－2－3 注册会计师对差异情况出具的意见

8－3 成立已满三年的股份有限公司需报送的财务资料

8－3－1 最近三年原始财务报表

8－3－2 原始财务报表与申报财务报表的差异比较表

8－3－3 注册会计师对差异情况出具的意见

8－4 发行人设立时和最近三年及一期的资产评估报告(含土地评估报告)

8－5 发行人的历次验资报告

8－6 发行人大股东或控股股东最近一年及一期的原始财务报表及审计报告

9. 其他文件

9－1 产权和特许经营权证书

9－1－1 发行人拥有或使用的商标、专利、计算机软件著作权等知识产权以及土地使用权、房屋所有权、采矿权等产权证书清单(需列明证书所有者或使用者名称、证书号码、权利期限、取得方式、是否及存在何种他项权利等内容,并由发行人律师对全部产权证书的真实性、合法性和有效性出具鉴证意见)

9－1－2 特许经营权证书

9－2 有关消除或避免同业竞争的协议以及发行人的控股股东和实际控制人出具的相关承诺

9－3 国有资产管理部门出具的国有股权设置批复文件及商务部出具的外资股确认文件

9－4 发行人生产经营和募集资金投资项目符合环境保护要求的证明文件(重污染行业的发行人需提供省级环保部门出具的证明文件)

9－5 重要合同

9－5－1 重组协议

9－5－2 商标、专利、专有技术等知识产权许可使用协议

9－5－3 重大关联交易协议

9－5－4 其他重要商务合同

9－6 保荐协议和承销协议

9－7 发行人全体董事对发行申请文件真实性、准确性和完整性的承诺书

9－8 特定行业(或企业)的管理部门出具的相关意见

10. 定向募集公司还应提供的文件

10－1 有关内部职工股发行和演变情况的文件

10－1－1 历次发行内部职工股的批准文件

10－1－2 内部职工股发行的证明文件

10－1－3 托管机构出具的历次托管证明

10－1－4 有关违规清理情况的文件

10－1－5 发行人律师对前述文件真实性的鉴证意见

10－2 省级人民政府或国务院有关部门关于发行人内部职工股审批、发行、托管、清理以及是否存在潜在隐患等情况的确认文件

10－3 中介机构的意见

10－3－1 发行人律师关于发行人内部职工股审批、发行、托管和清理情况的核查意见

10－3－2 保荐人关于发行人内部职工股审批、发行、托管和清理情况的核查意见

142. 主板发行审核有哪些主要程序?

《证券法》明确将证券发行核准制改为注册制,并授权国务院规定注册制实施的具体范围和步骤。目前,主板尚未实施注册制,仍由证监会负责审核。从近期资本市场发展的相关政策来看,主板将很快实施注册制。

1. 基本审核流程图(见图9－1)

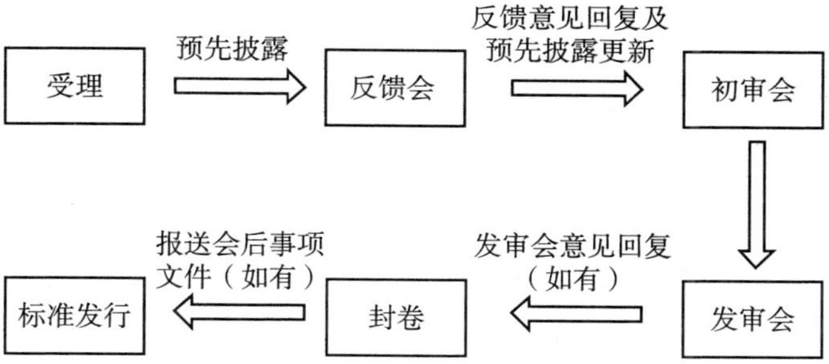

图9－1 主板发行审核流程

2. 首发申请审核主要环节简介

(1)受理和预先披露

中国证监会受理部门根据《中国证券监督管理委员会行政许可实施程序规定》《首发上市管理办法》《创业板首发注册办法》等规则的要求,依法受理首发申请文件,并按程序转发行监管部。发行监管部在正式受理后即按程序安排预先披露,并将申请文件分发至相关监管处室,相关监管处室根据发行人的行业、公务回避的有关要求以及审核人员的工作量等确定审核人员。

(2)反馈会

相关监管处室审核人员审阅发行人申请文件后,从非财务和财务两个角度撰写审核报告,提交反馈会讨论。反馈会主要讨论初步审核中关注的主要问题,确定需要发行人补充披露以及中介机构进一步核查说明的问题。

反馈会按照申请文件受理顺序安排。反馈会由综合处组织,参会人员由相关监管处室审核人员和处室负责人等组成。反馈会后将形成书面意见,履行内部程序后将意见反馈给保荐机构。反馈意见发出前不安排发行人及其中介机构与审核人员沟通。

保荐机构收到反馈意见后,组织发行人及相关中介机构按照要求进行回复。综合处收到反馈意见回复材料进行登记后转相关监管处室。审核人员按要求对申请文件以及回复材料进行审核。

发行人及其中介机构收到反馈意见后,在准备回复材料过程中如有疑问可与审核人员进行沟通,如有必要也可与处室负责人、部门负责人进行沟通。

审核过程中如发生或发现应予披露的事项,发行人及其中介机构应及时报告发行监管部并补充、修改相关材料。初审工作结束后,将形成初审报告(初稿)提交初审会讨论。

(3)预先披露更新

发行人对反馈意见已按要求回复且财务资料未过有效期,相关政府部门无异议的,将安排预先披露更新。对具备条件的项目,发行监管部将通知保荐机构报送发审会材料和用于更新的预先披露材料,并在收到相关材料后安排预先披露更新,并按受理顺序安排初审会。

(4)初审会

初审会由审核人员汇报发行人的基本情况、初步审核中发现的主要问题及反馈意见回复情况。初审会由综合处组织,由发行监管部相关负责人、相关监管处室负责人、审核人员以及发审会委员(按小组)参加。

根据初审会的讨论情况,审核人员修改、完善初审报告。初审报告是发行监管部初审工作的总结,履行内部程序后与申请材料一并提交发审会。

初审会讨论决定提交发审会审核的,发行监管部在初审会结束后出具初审报告,并书面告知保荐机构需要进一步说明的事项以及做好上发审会的准备工作。初审会讨论后认为发行人尚有需要进一步披露和说明的重大问题,暂不提交发审会审核的,将再次发出书面反馈意见。

(5)发审会

发审会制度是发行审核中的专家决策机制。目前发审会委员不固定分组,采用电脑摇号的方式,随机产生项目审核小组,依次参加初审会和发审会。各组中委员个人存在需回避事项的,按程序安排其他委员替补。发审会进行审核工作,以投票方式对首发申请进行表决。根据《中国证券监督管理委员会发行审核委员会办法》,发审会审核首发申请适用普通程序。发审会委员投票表决采用记名投票方式,会前需撰写工作底稿,会议全程录音。

发审会召开5天前中国证监会发布会议公告,公布发审会审核的发行人名单、会议时间、参会发审会委员名单等。首发发审会由审核人员向委员报告审核情况,并就有关问题提供说明,委员发表审核意见,发行人代表和保荐代表人各2名到会陈述和接受询问,聆询时间不超过40分钟,聆询结束后由委员投票表决。发审会认为发行人有需要进一步披露和说明问题的,形成书面审核意见后告知保荐机构。

保荐机构收到发审会审核意见后，组织发行人及相关中介机构按照要求回复。综合处收到审核意见回复材料后转相关监管处室。审核人员按要求对回复材料进行审核并履行内部程序。

(6)封卷

发行人的首发申请通过发审会审核后，需要进行封卷工作，即将申请文件原件重新归类后存档备查。封卷工作在按要求回复发审会意见后进行。如没有发审会意见需要回复，则在通过发审会审核后即进行封卷。

(7)会后事项

会后事项是指发行人首发申请通过发审会审核后，招股说明书刊登前发生的可能影响本次发行上市及对投资者作出投资决策有重大影响的应予披露的事项。发生会后事项的，需履行会后事项程序，发行人及其中介机构应按规定向综合处提交会后事项材料。综合处接收相关材料后转相关监管处室。审核人员按要求及时提出处理意见。需重新提交发审会审核的，按照会后事项相关规定履行内部工作程序。如申请文件没有封卷，则会后事项与封卷可同时进行。

(8)核准发行

核准发行前，发行人及保荐机构应及时报送发行承销方案。

封卷并履行内部程序后，将进行核准批文的下发工作。发行人领取核准发行批文后，无重大会后事项或已履行完会后事项程序的，可按相关规定启动招股说明书刊登工作。

审核程序结束后，发行监管部根据审核情况起草持续监管意见书，书面告知日常监管部门。

3. 与发行审核流程相关的其他事项

发行审核过程中，还应根据特殊行业企业的具体情况，征求相关主管部门是否同意其发行股票的意见。

为深入贯彻落实国家西部大开发战略，支持西部地区经济社会发展，改进发行审核工作服务水平，充分发挥沪深两家交易所的服务功能，更好地支持实体经济发展，首发审核工作整体按西部企业优先，均衡安排沪深交易所拟上市企业审核进度的原则实施。同时，依据上述原则，并结合企业申报材料的完备情况，对具备条件进入后续审核环节的企业按受理顺序，顺次安排审核进度计划。

发行审核过程中的终止审查、中止审查和恢复审查按相关规定执行。审核过程中收到举报材料的,依程序处理。

发行审核过程中,将按照对首发企业信息披露质量抽查的相关要求组织抽查。

143. 上市申报后什么时间能够受理?

根据《首发上市管理办法》第34条、第35条的规定,中国证监会收到申请文件后,在5个工作日内作出是否受理的决定。中国证监会受理申请文件后,由相关职能部门对发行人的申请文件进行初审,并由发审会审核。

《创业板首发注册办法》《科创板首发注册办法》均规定,发行人申请首次公开发行股票并在创业板或科创板上市,应当按照中国证监会有关规定制作注册申请文件,由保荐人保荐并向证券交易所申报。证券交易所收到注册申请文件后,5个工作日内作出是否受理的决定。

144. 主板审核机构有哪些?

主板实行核准制,发行人发行审核由中国证监会完成。中国证监会的职能部门负责发行人申请材料的初审工作,初审完成后,还要提交中国证监会发审会进行审核。发审会是首发上市的主要审核机构,决定首发上市能否通过核准。

发审会的职责:根据有关法律、行政法规和中国证监会的规定,审核股票发行申请是否符合相关条件;审核保荐人、会计师事务所、律师事务所、资产评估机构等证券服务机构及相关人员为股票发行所出具的有关材料及意见书;审核中国证监会有关职能部门出具的初审报告;依法对股票发行申请提出审核意见。

发审会进行审核工作。发审会表决采取记名投票方式。表决票设同意票和反对票，发审会委员不得弃权。每次参加发审会的发审会委员为 7 名。表决投票时同意票数达到 5 票为通过，同意票数未达到 5 票为未通过。

145. 主板的发审会是行政机构吗？

主板的发审会不是行政机构，它只是承担主板首发上市的审核工作，行使中国证监会的审核监督职责。

发审会委员由中国证监会的专业人员和中国证监会外的有关专家组成，由中国证监会聘任。中国证监会设立发审会遴选委员会，按照依法、公开、择优的原则选聘发审会委员，发审会委员人选向市场公开，接受社会监督。

发审会委员为 66 名，部分发审会委员可以为专职。发审会设会议召集人。发审会委员每届任期 1 年，可以连任，但连续任期最长不超过两届。发审会委员每年至少更换一半。

146. 发行审核中监管部门主要关注哪些问题？

发行审核时审核机构主要关注财务、法律、信息披露等方面的问题，具体包括：

1. 财务方面的问题重点关注财务信息披露质量，包括财务状况是否正常，内部控制制度是否完善，会计处理是否合规，持续盈利能力是否存在重大不利变化等。

2. 法律方面的问题主要包括是否存在同业竞争和显失公允的关联交易，生产经营是否存在重大违法行为，股权是否清晰和是否存在权属纠纷，董事和高级管理人员有无重大变化，实际控制人是否发生变更，社会保险和住房公积金的缴纳情况等。

3. 信息披露方面主要关注招股说明书等申请文件是否存在虚假记载、误导性陈述或重大遗漏,如引用数据是否权威、客观,业务模式、竞争地位等披露是否清晰,申请文件的内容是否存在前后矛盾,申请文件内容与发行人在发审会上陈述的内容是否一致等。

147. 通过中国证监会审核后即可上市吗?

申请首发上市的企业经发审会审核通过后,中国证监会依照法定条件对发行人的发行申请作出予以核准的决定,并出具关于核准发行人首次公开发行股票的批复。首次公开发行股票与上市是两个不同的阶段。发行人取得中国证监会的核准文件后,应聘请承销商,通过询价、定价等程序公开发行股票,这个环节就是发行与承销环节。发行人成功发行股票后才能向证券交易所申请上市交易。

发行人在取得首次公开发行股票的批复文件后,应自中国证监会核准发行之日起,6 个月内发行股票;超过 6 个月未发行的,核准文件失效,须重新经中国证监会核准后方可发行。

第三节　科创板首发上市的申报与审核

148. 科创板首发上市需要提交哪些材料?

科创板首发上市时,企业也要提交规定的申请文件,与主板不同的是,科创板首发上市申请材料直接向上海证券交易所提交,并由上海证券交易所安排审核工作。科创板首发上市需要提交的材料由保荐人、律师、会计师共同协助完成。申请在科创板发行上市的企业要提交的材料有：

1. 招股文件

1－1 招股说明书(申报稿)

2. 发行人关于本次发行上市的申请与授权文件

2－1 关于本次公开发行股票并在科创板上市的申请报告

2－2 董事会有关本次发行并上市的决议

2－3 股东大会有关本次发行并上市的决议

2－4 关于符合科创板定位要求的专项说明

3. 保荐人和证券服务机构关于本次发行上市的文件

3－1 保荐人关于本次发行上市的文件

3－1－1 关于发行人符合科创板定位要求的专项意见

3－1－2 发行保荐书

3－1－3 上市保荐书

3－1－4 保荐工作报告

3－1－5 关于发行人预计市值的分析报告(如适用)

3－1－6 保荐机构相关子公司参与配售的相关文件(如有)

3－2 会计师关于本次发行上市的文件

3－2－1 财务报表及审计报告

3－2－2 发行人审计报告基准日至招股说明书签署日之间的相关财务报表及审阅报告(如有)

3－2－3 盈利预测报告及审核报告(如有)

3－2－4 内部控制鉴证报告

3－2－5 经注册会计师鉴证的非经常性损益明细表

3－3 发行人律师关于本次发行上市的文件

3－3－1 法律意见书

3－3－2 律师工作报告

3－3－3 关于发行人董事、监事、高级管理人员、发行人控股股东和实际控制人在相关文件上签名盖章的真实性的鉴证意见

3－3－4 关于申请电子文件与预留原件一致的鉴证意见

4. 发行人的设立文件

4-1 发行人的企业法人营业执照

4-2 发行人公司章程(草案)

4-3 发行人关于公司设立以来股本演变情况的说明及其董事、监事、高级管理人员的确认意见

4-4 商务主管部门出具的外资确认文件(如有)

5. 与财务会计资料相关的其他文件

5-1 发行人关于最近三年及一期的纳税情况及政府补助情况

5-1-1 发行人最近三年及一期所得税纳税申报表

5-1-2 有关发行人税收优惠、政府补助的证明文件

5-1-3 主要税种纳税情况的说明

5-1-4 注册会计师对主要税种纳税情况说明出具的意见

5-1-5 发行人及其重要子公司或主要经营机构最近三年及一期纳税情况的证明

5-2 发行人需报送的其他财务资料

5-2-1 最近三年及一期原始财务报表

5-2-2 原始财务报表与申报财务报表的差异比较表

5-2-3 注册会计师对差异情况出具的意见

5-3 发行人设立时和最近三年及一期资产评估报告(如有)

5-4 发行人历次验资报告或出资证明

5-5 发行人大股东或控股股东最近一年及一期的原始财务报表及审计报告(如有)

6. 关于本次发行上市募集资金运用的文件

6-1 发行人关于募集资金运用方向的总体安排及其合理性、必要性的说明

6-2 募集资金投资项目的审批、核准或备案文件(如有)

6-3 发行人拟收购资产(或股权)的财务报表、审计报告、资产评估报告、盈利预测报告(如有)

6-4 发行人拟收购资产(或股权)的合同或合同草案(如有)

7. 其他文件

7－1 产权和特许经营权证书

7－1－1 发行人拥有或使用的对其生产经营有重大影响的商标、专利、计算机软件著作权等知识产权以及土地使用权、房屋所有权等产权证书清单（需列明证书所有者或使用者名称、证书号码、权利期限、取得方式、是否及存在何种他项权利等内容）

7－1－2 发行人律师就7－1－1清单所列产权证书出具的鉴证意见

7－1－3 特许经营权证书（如有）

7－2 重要合同

7－2－1 对发行人有重大影响的商标、专利、专有技术等知识产权许可使用协议（如有）

7－2－2 重大关联交易协议（如有）

7－2－3 重组协议（如有）

7－2－4 特别表决权股份等差异化表决安排涉及的协议（如有）

7－2－5 高管员工配售协议（如有）

7－2－6 其他重要商务合同（如有）

7－3 特定行业（或企业）的管理部门出具的相关意见（如有）

7－4 承诺事项

7－4－1 发行人及其实际控制人、控股股东、持股5%以上股东以及发行人董事、监事、高级管理人员等责任主体的重要承诺以及未履行承诺的约束措施

7－4－2 有关消除或避免同业竞争的协议以及发行人的控股股东和实际控制人出具的相关承诺

7－4－3 发行人全体董事、监事、高级管理人员对发行申请文件真实性、准确性、完整性的承诺书

7－4－4 发行人控股股东、实际控制人对招股说明书的确认意见

7－4－5 发行人关于申请电子文件与预留原件一致的承诺函

7－4－6 保荐人关于申请电子文件与预留原件一致的承诺函

7－4－7 发行人保证不影响和干扰审核的承诺函

7－5 说明事项

7－5－1 发行人关于申请文件不适用情况的说明

7－5－2 发行人关于招股说明书不适用情况的说明

7－5－3 信息披露豁免申请(如有)

7－6 保荐协议

7－7 其他文件

149. 科创板还需要中国证监会审核吗?

科创板从设立之初就实行注册制,注册制的核心是实行市场化发行,其审核由证券交易所负责,中国证监会通过注册对发行审核工作进行监管。因此,科创板首发上市不需要经中国证监会审核,但在上海证券交易所审核通过后,要报送中国证监会注册,取得中国证监会的注册文件后,企业即可聘请承销商进行发行与承销工作。科创板的上市审核也是由上海证券交易所负责的,在发行审核时已经完成了上市的审核工作,只要报送中国证监会注册完成后,即可按照规定安排发行股票及上市工作。

150. 什么是红筹企业? 试点红筹企业提交的申报材料与科创板其他上市企业一样吗?

所谓红筹企业,不是一个严格的法律概念。根据《国务院办公厅转发证监会关于开展创新企业境内发行股票或存托凭证试点若干意见的通知》(国办发〔2018〕21号),红筹企业是指注册地在境外、主要经营活动在境内的企业。红筹企业的出现,多是为了到境外证券交易所上市搭建的,当然也有为了经营需要把注册地设在境外。我国科创板为红筹企业回归A股设置了便捷的途径,也是为了促进高科技企业发展,服务创新驱动发展,助力大众创业、万众创新,推动经济结构调整和产业转型升级的需要。

红筹企业具有股权结构的特殊性，所以我国允许试点红筹企业按程序在境内资本市场发行存托凭证上市；具备股票发行上市条件的试点红筹企业可申请在境内发行股票上市；境内注册的试点企业可申请在境内发行股票上市。这里所讲的存托凭证，按照国办发〔2018〕21 号文件的定义，是指由存托人签发，以境外证券为基础在中国境内发行，代表境外基础证券权益的证券。

试点红筹企业在境内发行股票上市，其申报的上市材料与境内企业基本相同。但试点红筹企业在境内资本市场发行存托凭证上市，其申请文件应符合《公开发行证券的公司信息披露内容与格式准则第 40 号——试点红筹企业公开发行存托凭证并上市申请文件》的要求。申请文件包括：

第一章　招股说明书与发行公告

1－1　招股说明书（申报稿）

1－2　境外基础证券发行人董事、高级管理人员对招股说明书的确认意见

1－3　发行公告（发行前提供）

第二章　关于本次发行的申请及授权文件

2－1　境外基础证券发行人关于纳入试点的申请报告

2－2　境外基础证券发行人关于本次发行的申请报告

2－3　境外基础证券发行人董事会有关本次发行的决议

2－4　境外基础证券发行人股东（大）会有关本次发行的决议（如有）

第三章　保荐人和证券服务机构文件

3－1　保荐人关于本次发行的文件

3－1－1　关于境外基础证券发行人符合试点企业选取标准的核查报告

3－1－2　发行保荐书（附：关于对境内投资者权益的保护总体上不低于境内法律、行政法规以及中国证监会要求的结论性意见）

3－1－3　发行保荐工作报告

3－1－4　未在境外上市的基础证券发行人的估值报告

3－2　注册会计师关于本次发行的文件

3－2－1　根据中国企业会计准则编制的财务报表及审计报告（如选用）

3－2－2　根据国际财务报告准则或美国会计准则编制的财务报表及审计报告并同时按照中国企业会计准则调整的差异调节信

息及审计报告(如选用)

3-2-3 境外基础证券发行人审计报告基准日至招股说明书签署日之间的相关财务报表及审阅报告(发行前提供)

3-2-4 盈利预测报告及审核报告(如有)

3-2-5 内部控制鉴证报告

3-2-6 经注册会计师鉴证的非经常性损益明细表

3-3 境外基础证券发行人律师关于本次发行的文件

3-3-1 关于境外基础证券发行人符合试点企业选取标准的核查报告

3-3-2 法律意见书(附:关于对境内投资者权益的保护总体上不低于境内法律、行政法规以及中国证监会要求的结论性意见)

3-3-3 律师工作报告

第四章 境外基础证券发行人的设立文件

4-1 境外基础证券发行人的公司注册文件

4-2 境外基础证券发行人公司章程

第五章 与财务会计资料相关的其他文件

5-1 境外基础证券发行人关于最近三年及一期的纳税情况的说明

5-1-1 境外基础证券发行人主要经营实体最近三年及一期所得税纳税申报表

5-1-2 对境外基础证券发行人有重大影响的税收优惠、财政补贴证明文件(如有)

5-1-3 主要税种纳税情况的说明及注册会计师出具的意见

5-1-4 境内主要经营实体主管税收征管机构出具的最近三年及一期该经营实体纳税情况的证明

5-2 公司需报送的其他财务资料

5-2-1 主要经营实体最近三年原始财务报表

5-2-2 主要经营实体原始财务报表与本次申报经审计的财务报表差异比较表

5-2-3 注册会计师对差异情况出具的意见

5-3 境外基础证券发行人设立时和最近三年及一期的资产评估报告(含土地评估报告)(如有)

5-4 境外基础证券发行人的历次验资报告(如有)

5-5 境外基础证券发行人大股东或控股股东最近一年及一期的原始财务报表及审计报告(如有)

第六章 其他文件

6-1 产权和特许经营权证书

6-1-1 境外基础证券发行人拥有或使用的对其生产经营有重大影响的商标、专利、计算机软件著作权等知识产权以及土地使用权、房屋所有权、采矿权等产权证书清单(需由境外基础证券发行人律师出具鉴证意见)

6-1-2 特许经营权证书

6-2 重要合同

6-2-1 协议控制架构等特殊安排涉及的协议

6-2-2 投票权差异、投票协议或类似特殊安排涉及的协议

6-2-3 对境外基础证券发行人有重大影响的商标、专利、专有技术等知识产权许可使用协议

6-2-4 重大关联交易协议

6-2-5 重大资产购买或出售协议

6-3 承诺和说明事项

6-3-1 境外基础证券发行人关于确保存托凭证持有人实际享有与境外基础股票持有人相当权益的承诺

6-3-2 境外基础证券发行人关于确保存托凭证持有人在合法权益受到损害时能够获得与境外投资者相当赔偿的承诺

6-3-3 有关消除或避免同业竞争的协议以及境外基础证券发行人的控股股东和实际控制人出具的相关承诺

6-3-4 境外基础证券发行人全体董事对发行申请文件真实性、准确性、完整性、及时性的承诺书

6-3-5 境外基础证券发行人关于对境内投资者权益的保护总体上不低于境内法律、行政法规以及中国证监会要求的说明

6-3-6 境外基础证券发行人相关股东关于股份锁定的承诺

6-4 特定行业(或企业)的管理部门出具的相关意见(如有)

6－5　存托协议

6－6　托管协议

6－7　保荐协议和承销协议

151. 科创板的审核机构有哪些？

上海证券交易所针对科创板审核工作专门成立了科创板上市审核机构、创新咨询委员会、股票上市委员会等。

科创板上市审核机构是上海证券交易所的内设机构，主要负责对发行人提交的申请材料进行审核并出具审核报告，提交上市委员会审议。科创板创新咨询委员会是为发行上市审核提供专业咨询和政策建议的机构。科创板股票上市委员会则负责对审核部门出具的审核报告和发行人的申请文件提出审议意见。

152. 科创板首发上市的审核程序有哪些主要环节？

根据《上海证券交易所科创板股票发行上市审核规则》和《深圳证券交易所创业板股票发行上市审核规则》的规定，科创板和创业板的发行审核程序如下：

1. 受理

发行人申请股票首次发行上市，应当按照规定聘请保荐人进行保荐，并委托保荐人通过证券交易所发行上市审核业务系统报送下列发行上市申请文件：

（1）中国证监会规定的招股说明书、发行保荐书、审计报告、法律意见书、公司章程、股东大会决议等注册申请文件；

（2）上市保荐书；

（3）证券交易所要求的其他文件。

证券交易所收到发行上市申请文件后 5 个工作日内，对文件进行核对，作出是否受理的决定，告知发行人及其保荐人，并在证券交易所网站公示。

证券交易所受理发行上市申请文件当日，发行人应当在证券交易所网站预先披露招股说明书、发行保荐书、上市保荐书、审计报告和法律意见书等文件。

2. 交易所上市审核机构审核

证券交易所发行上市审核机构按照发行上市申请文件受理的先后顺序开始审核。针对股票首次发行上市申请，证券交易所发行上市审核机构自受理之日起 20 个工作日内，通过保荐人向发行人提出首轮审核问询。首轮审核问询后，仍存在需要问询事项时，证券交易所发行上市审核机构收到发行人回复后 10 个工作日内可以继续提出审核问询。发行人及其保荐人、证券服务机构应当按照证券交易所发行上市审核机构审核问询要求进行必要的补充调查和核查，及时、逐项回复证券交易所发行上市审核机构提出的审核问询，相应补充或者修改发行上市申请文件，并于上市委员会审议会议结束后 10 个工作日内，汇总补充报送与审核问询回复相关的保荐工作底稿和更新后的验证版招股说明书。

证券交易所对发行条件审核的重点是：

(1)发行人是否符合《科创板首发注册办法》及中国证监会规定的发行条件。

(2)保荐人和律师事务所等证券服务机构出具的发行保荐书、法律意见书等文件中是否就发行人符合发行条件逐项发表明确意见，且具备充分的理由和依据。

(3)发行人的信息披露是否达到真实、准确、完整的要求，是否符合招股说明书内容与格式准则的要求，以及发行上市申请文件及信息披露内容是否包含对投资者作出投资决策有重大影响的信息，披露程度是否达到投资者作出投资决策所必需的水平。

科创板上市审核机构审核完成后，出具审核报告，和发行人的申请文件一起提交上市委员会审议。

3. 提交上市委员会审议

证券交易所发行上市审核机构收到发行人及其保荐人、证券服务机构对证券交易所审核问询的回复后，认为不需要进一步审核问询的，将出具审核报告并提交上市委员会审议。上市委员会召开审议会议，对证券交易所发行上市审核机构出具的审核报告及发行上市申请文件进行审议。

申请股票首次发行上市的，证券交易所自受理发行上市申请文件之日起3个月内出具同意发行上市的审核意见或者作出终止发行上市审核的决定。

证券交易所结合上市委员会的审议意见，出具同意发行上市的审核意见或者作出终止发行上市审核的决定。

4. 向证监会报送审核意见，证监会作出注册决定

证券交易所审核通过的，向中国证监会报送同意发行上市的审核意见、相关审核资料和发行人的发行上市申请文件。中国证监会对证券交易所提交的材料进行审核，中国证监会在注册程序中，决定退回证券交易所补充审核的，证券交易所发行上市审核机构对要求补充审核的事项重新审核，并提交上市委员会审议。证券交易所审核通过的，重新向中国证监会报送审核意见及相关资料；审核不通过的，作出终止发行上市审核的决定。

发行人应当根据证券交易所审核意见或者其他需要更新预先披露文件的情形，修改相关信息披露文件；证券交易所向中国证监会报送同意发行上市的审核意见时，发行人应当将修改后的招股说明书、发行保荐书、上市保荐书、审计报告和法律意见书等文件在中国证监会网站和证券交易所网站同步公开。

发行人在取得中国证监会同意注册决定后，启动股票公开发行前，应当在证券交易所网站和中国证监会指定网站披露招股意向书。

证券交易所受理发行上市申请后至股票上市交易前，发生重大事项的，发行人及其保荐人应当及时向证券交易所报告，并按要求更新发行上市申请文件。

上市委员会审议会议后至股票上市交易前，发生重大事项，对发行人是否符合发行条件、上市条件或者信息披露要求产生重大影响的，发行上市审核机构经重新审核后决定是否重新提交上市委员会审议。

中国证监会作出注册决定后至股票上市交易前，发生重大事项，可能导致发行人不符合发行条件、上市条件或者信息披露要求的，发行人应当暂停发行；已经发行的，暂缓上市。证券交易所发现发行人存在上述情形的，有权要求发行人暂缓上市。

5. 复审

复审是经申请发行上市企业安排的补救程序。证券交易所对发行上市申请不予受理或者终止审核的，发行人可以在收到证券交易所相关文件后5个工作

日内,向证券交易所提交申请文件:(1)复审申请书;(2)保荐人就复审事项出具的意见书;(3)律师事务所就复审事项出具的法律意见书;(4)证券交易所规定的其他文件,向证券交易所申请复审。但因发行人撤回发行上市申请或者保荐人撤回保荐终止审核的,发行人不得申请复审。

证券交易所收到复审申请后20个工作日内,召开上市委员会复审会议。上市委员会复审会议认为申请复审理由成立的,证券交易所对发行上市申请予以受理或者重新审核,审核时限自受理之日或重新审核之日起算,证券交易所对审核时限另有规定的除外;复审会议认为申请复审理由不成立的,证券交易所维持原决定。

153. 科创板的上市委员会是什么机构?

科创板股票上市委员会是由上海证券交易所设立的,服务于科创板发行上市审核的机构。科创板股票上市委员会,负责对审核部门出具的审核报告和发行人的申请文件提出审议意见,委员主要由上海证券交易所以外的专家和交易所相关专业人员组成,由上海证券交易所聘任。上海证券交易所科创板股票上市委员会由30~40名委员组成。主要履行以下职责:

(1)对上海证券交易所发行上市审核机构出具的审核报告以及发行上市申请文件进行审议,就发行上市审核机构提出的初步审核意见,提出审议意见;

(2)对发行人提出异议的证券交易所不予受理、终止审核决定进行复审,提出复审意见;

(3)对上海证券交易所发行上市审核机构及相关部门提交咨询的事项进行讨论,提出咨询意见;

(4)对上市委员会年度工作进行讨论、研究;

(5)上海证券交易所规定的其他职责。

154. 科创板的科技创新咨询委员会是什么机构?

科创板的科技创新咨询委员会是由上海证券交易所成立的,为发行上市审核提供专业咨询和政策建议的机构。科技创新咨询委员会在必要时可对申请发行上市的企业进行询问。科技创新咨询委员会委员共40～60名,由从事科技创新行业的权威专家、知名企业家、资深投资专家组成,所有委员均为兼职。咨询委员会就下列事项提供咨询意见:

(1)上海证券交易所科创板的定位以及发行人是否具备科技创新属性、符合科创板定位;

(2)相关规则的制定;

(3)发行上市申请文件中与发行人业务和技术相关的问题;

(4)国内外科技创新及产业化应用的发展动态;

(5)上海证券交易所根据工作需要提请咨询的其他事项。

155. 科创板审核周期有多长?

根据上海证券交易所的相关规定,科创板发行上市审核自受理发行上市申请文件之日起,上海证券交易所审核和中国证监会注册的时间总计不超过3个月。但审核期间存在因故中止审核、请示有权机关、落实上市委员会意见、暂缓审议、处理会后事项、实施现场检查、要求进行专项核查,并要求发行人补充、修改申请文件等情形,上述情形不计算在规定的时限内。

从目前上海证券交易所科创板审核的速度来看,目前一般在5个月左右,最快的3个月左右即完成了审核注册工作。问询期间,中止审核、请示有权机关、落实上市委员会意见、暂缓审议、处理会后事项、实施现场检查、要求进行专项核查，并要求发行人补充、修改申请文件等情形，不计算在规定的时限内，尤其是随着申报企业的数量增多，上海证券交易所审核的压力也有所增大，审核的时间可能超过6个月。

156. 科创板审核的问询和反馈有什么要求？

科创板审核主要通过问询和反馈进行，问询的次数由证券交易所上市审核机构根据审核沟通的情况确定，发行人及其保荐人、证券服务机构回复上海证券交易所审核问询的时间总计不超过3个月。

对股票首次发行上市申请，上海证券交易所发行上市审核机构自受理之日起20个工作日内，通过保荐人向发行人提出首轮审核问询。在首轮审核问询发出前，发行人及其保荐人、证券服务机构及其相关人员不得与审核人员接触，不得以任何形式干扰审核工作。

在首轮审核问询发出后，发行人及其保荐人对上海证券交易所审核问询存在疑问的，可以通过上海证券交易所发行上市审核业务系统进行沟通；确需当面沟通的，可以通过上海证券交易所发行上市审核业务系统预约。

首轮审核问询后，存在下列情形之一的，上海证券交易所发行上市审核机构收到发行人回复后10个工作日内可以继续提出审核问询：

(1)首轮审核问询后，发现新的需要问询事项；

(2)发行人及其保荐人、证券服务机构的回复未能有针对性地回答上海证券交易所发行上市审核机构提出的审核问询，或者上海证券交易所就其回复需要继续审核问询；

(3)发行人的信息披露仍未满足中国证监会和上海证券交易所规定的要求；

(4)上海证券交易所认为需要继续审核问询的其他情形。

发行人及其保荐人、证券服务机构应当按照上海证券交易所发行上市审核机构审核问询要求进行必要的补充调查和核查，及时、逐项回复上海证券交易所发行上市审核机构提出的审核问询，相应补充或者修改发行上市申请文件，并于上市委员会审议会议结束后10个工作日内汇总补充报送与审核问询回复相关的保荐工作底稿和更新后的验证版招股说明书。发行人及其保荐人、证券服务机构对上海证券交易所发行上市审核机构审核问询的回复是发行上市申请文件的组成部分，发行人及其保荐人、证券服务机构应当保证回复的真实、准确、完整，并在回复后及时在上海证券交易所网站披露问询和回复的内容。

上海证券交易所发行上市审核机构可以根据需要，就发行上市申请文件中与发行人业务与技术相关的问题，向上海证券交易所科技创新咨询委员会进行咨询；科技创新咨询委员会所提出的咨询意见，可以供上海证券交易所审核问询参考。

上海证券交易所在发行上市审核中，可以根据需要，约见问询发行人的董事、监事、高级管理人员、控股股东、实际控制人以及保荐人、证券服务机构及其相关人员，调阅发行人、保荐人、证券服务机构与发行上市申请相关的资料。

上海证券交易所依照相关规定，从发行上市申请已被上海证券交易所受理的发行人中抽取一定比例，对其信息披露质量进行现场检查。上海证券交易所在发行上市审核中，发现发行上市申请文件存在重大疑问且发行人及其保荐人、证券服务机构回复中无法作出合理解释的，可以对发行人及其保荐人、证券服务机构进行现场检查。

上海证券交易所发行上市审核机构收到发行人及其保荐人、证券服务机构对上海证券交易所审核问询的回复后，认为不需要进一步审核问询的，将出具审核报告并提交上市委员会审议。

157. 科创板审核需要现场检查吗？

现场检查，是指针对申请在境内证券交易所首次公开发行股票或存托凭证并上市的企业，由中国证监会及其派出机构和证券交易所作为检查机构，在检查对象的生产、经营、管理场所以及其他相关场所，采取一定方式对其信息披露质量及中介机构执业质量进行监督检查的行为。现场检查后，根据检查对象存在信息披露问题的严重程度，证券交易所可以依据有关规定对检查对象及其控股股东、实际控制人和相关责任人员采取自律管理措施，中国证监会可以依据法律、行政法规、证监会规章对上述单位和个人采取行政监管措施、给予行政处罚。现场检查发现中介机构及相关执业人员未勤勉尽责，在执业质量等方面存在违法违规行为的，交易所可以依据有关规定对上述单位和个人采取自律管理措施，中国证监会可以依据法律、行政法规、证监会规章对上述单位和个人采取行政监管措施、给予行政处罚。

《上海证券交易所科创板股票发行上市审核规则》规定，上海证券交易所在科创板发行上市审核时，依据有关规定，从发行上市申请已被受理的发行人中抽取一定比例，对其信息披露质量进行现场检查。上海证券交易所在发行上市审核中，发现发行上市申请文件存在重大疑问且发行人及其保荐人、证券服务机构回复中无法作出合理解释的，可以对发行人及其保荐人、证券服务机构进行现场检查。

实施现场检查时，检查组可以根据需要采取以下检查方式：

（1）查看检查对象的生产、经营、管理场所及其他相关场所，获取有关工商等资料；

（2）获取有关资金流水，生产、销售、仓储记录，会计凭证，会计账簿，财务报表等文件资料；

（3）就主要业务循环和会计信息系统进行穿行测试；

（4）问询检查对象控股股东和实际控制人、董事、监事、高级管理人员以及销售、采购、生产、仓储、财务等相关人员；

（5）走访检查对象重要客户及供应商等有关单位和人员，核实相关信息；

（6）核查中介机构工作底稿，询问有关人员，进行现场取证等；

（7）检查组认为必要的其他方式。

158. 证券交易所审核通过后即取得发行资格吗？

证券交易所完成科创板首发上市的审核后，还要向中国证监会注册，取得中国证监会的注册文件后，才正式取得发行资格。因此，证券交易所审核通过后，企业没有取得发行资格，还不能启动股票发行工作。

159. 科创板首发上市时，中国证监会的注册是如何进行的？

注册制下，首发上市的审核由证券交易所完成，发行人首发上市申请经证券交易所审核通过后，还要履行注册程序。

科创板上市企业经上海证券交易所审核通过，向中国证监会报送发行人符合发行条件、上市条件和信息披露要求的审核意见、相关审核资料和发行人的发行上市申请文件。中国证监会收到上述文件后，履行发行注册程序。发行注册主要关注交易所发行上市审核内容有无遗漏，审核程序是否符合规定，以及发行人在发行条件和信息披露要求的重大方面是否符合相关规定。

中国证监会认为存在需要进一步说明或者落实事项的，可以要求交易所进一步问询。证券交易所按照问询通知，向发行人及保荐人、证券服务机构提出反馈问题。发行人及保荐人、证券服务机构应按照证券交易所规定的时间予以回复。

中国证监会认为交易所对影响发行条件的重大事项未予关注或者交易所的审核意见依据明显不充分的，可以退回交易所补充审核。交易所补充审核后，同意发行人股票公开发行并上市的，重新向中国证监会报送审核意见及相关资料。

中国证监会在注册程序中，决定退回证券交易所补充审核的，证券交易所发行上市审核机构对要求补充审核的事项重新审核，并提交上市委员会审议。证券交易所审核通过的，重新向中国证监会报送审核意见及相关资料；审核不通过的，作出终止发行上市审核的决定。

160. 发行上市企业通过证券交易所审核后都能得到中国证监会的注册文件吗？

中国证监会的注册程序，实际上是对证券交易所审核工作的监督程序。发行上市企业通过证券交易所审核后，如果中国证监会认为企业存在问题，仍然可能不予注册，企业的发行上市即终止。例如，蚂蚁金服上市案例，其通过证券交易所审核后，未获得中国证监会注册，最终导致首发上市失败。

161. 科创板企业完成审核注册后还要注意哪些事项？

科创板申请首发上市企业通过证券交易所的审核及中国证监会的注册后，还要根据情况更新信息披露文件。

中国证监会作出注册决定后，发行人股票上市交易前，发行人还应当及时更新信息披露文件内容，财务报表过期的，发行人应当补充财务会计报告等文件；保荐人及证券服务机构应当持续履行尽职调查职责；发生重大事项的，发行人、保荐人应当及时向证券交易所报告。证券交易所应当对上述事项及时处理，交易所发现对发行人是否符合发行条件、上市条件或者信息披露要求产生重大影响的，发行上市审核机构经重新审核后决定是否重新提交上市委员会审议，并根据重大事项情况出具明确意见，及时向中国证监会报告。

中国证监会作出注册决定后,发行人股票上市交易前,发现可能影响本次发行的重大事项的,中国证监会可以要求发行人暂缓或者暂停发行、上市;相关重大事项导致发行人不符合发行条件的,可以撤销注册。中国证监会撤销注册后,股票尚未发行的,发行人应当停止发行;股票已经发行尚未上市的,发行人应当按照发行价并加算银行同期存款利息返还股票持有人。

162. 科创板的复审程序是干什么的? 具体是怎么实施的?

复审程序是科创板推出后新设的程序,主要是对发行人不服发行上市申请不予受理或者终止审核事项所设立的补救程序。

证券交易所对发行上市申请不予受理或者终止审核的,发行人可以在收到证券交易所相关文件后 5 个工作日内,向证券交易所申请复审。发行人申请复审的,应当向证券交易所提交下列申请文件:

(1)复审申请书;

(2)保荐人就复审事项出具的意见书;

(3)律师事务所就复审事项出具的法律意见书;

(4)证券交易所规定的其他文件。

但因发行人撤回发行上市申请或者保荐人撤回保荐终止审核的,发行人不得申请复审。

证券交易所收到复审申请后 20 个工作日内,召开上市委员会复审会议。上市委员会复审会议认为申请复审理由成立的,证券交易所对发行上市申请予以受理或者重新审核,审核时限自受理之日或重新审核之日起算,证券交易所对审核时限另有规定的除外;复审会议认为申请复审理由不成立的,证券交易所维持原决定。上市委员会复审期间,原决定的效力不受影响。

第四节 创业板首发上市的申报与审核

163. 创业板首发上市需要提交哪些材料?

企业申请在创业板首发上市,需要按照《公开发行证券的公司信息披露内容与格式准则第29号——首次公开发行股票并在创业板上市申请文件》的要求,在保荐人、律师、会计师等证券服务机构的协助下,按照证监会和交易所及相关机构规定的格式准备以下材料,并报送至深圳证券交易所:

一、招股文件

1-1 招股说明书(申报稿)

二、发行人关于本次发行上市的申请与授权文件

2-1 关于本次公开发行股票并在创业板上市的申请报告

2-2 董事会有关本次发行并上市的决议

2-3 股东大会有关本次发行并上市的决议

2-4 关于符合创业板定位要求的专项说明

三、保荐人和证券服务机构关于本次发行上市文件

3-1 保荐人关于本次发行上市的文件

3-1-1 关于发行人符合创业板定位要求的专项意见

3-1-2 发行保荐书

3-1-3 上市保荐书

3-1-4 保荐工作报告

3-1-5 关于发行人预计市值的分析报告(如适用)

3-1-6 保荐机构相关子公司参与配售的相关文件(如有)

3-2 会计师关于本次发行上市的文件

3-2-1 财务报表及审计报告

3－2－2 发行人审计报告基准日至招股说明书签署日之间的相关财务报表及审阅报告(如有)

3－2－3 盈利预测报告及审核报告(如有)

3－2－4 内部控制鉴证报告

3－2－5 经注册会计师鉴证的非经常性损益明细表

3－3 发行人律师关于本次发行上市的文件

3－3－1 法律意见书

3－3－2 律师工作报告

3－3－3 关于发行人董事、监事、高级管理人员、发行人控股股东和实际控制人在相关文件上签名盖章的真实性的鉴证意见

3－3－4 关于申请电子文件与预留原件一致的鉴证意见

四、发行人的设立文件

4－1 发行人的企业法人营业执照

4－2 发行人公司章程(草案)

4－3 发行人关于公司设立以来股本演变情况的说明及其董事、监事、高级管理人员的确认意见

4－4 商务主管部门出具的外资确认文件(如有)

五、与财务会计资料相关的其他文件

5－1 发行人关于最近三年及一期的纳税情况及政府补助情况

5－1－1 发行人最近三年及一期所得税纳税申报表

5－1－2 有关发行人税收优惠、政府补助的证明文件

5－1－3 主要税种纳税情况的说明

5－1－4 注册会计师对主要税种纳税情况说明出具的意见

5－1－5 发行人及其重要子公司或主要经营机构最近三年及一期发行人纳税情况的证明

5－2 发行人需报送的其他财务资料

5－2－1 最近三年及一期原始财务报表

5－2－2 原始财务报表与申报财务报表的差异比较表

5－2－3 注册会计师对差异情况出具的意见

5－3 发行人设立时和最近三年及一期的资产评估报告(如有)

5－4 发行人的历次验资报告或出资证明

5－5 发行人大股东或控股股东最近一年的原始财务报表及审计报告(如有)

六、关于本次发行上市募集资金运用的文件

6－1 发行人关于募集资金运用方向的总体安排及其合理性、必要性的说明

6－2 募集资金投资项目的审批、核准或备案文件(如有)

6－3 发行人拟收购资产(或股权)的财务报表、资产评估报告及审计报告、盈利预测报告(如有)

6－4 发行人拟收购资产(或股权)的合同或合同草案(如有)

七、其他文件

7－1 产权和特许经营权证书

7－1－1 发行人拥有或使用的对其生产经营有重大影响的商标、专利、计算机软件著作权等知识产权以及土地使用权、房屋所有权等产权证书清单(需列明证书所有者或使用者名称、证书号码、权利期限、取得方式、是否及存在何种他项权利等内容)

7－1－2 发行人律师就7－1－1清单所列产权证书出具的鉴证意见

7－1－3 特许经营权证书(如有)

7－2 重要合同

7－2－1 对发行人有重大影响的商标、专利、专有技术等知识产权许可使用协议(如有)

7－2－2 重大关联交易协议(如有)

7－2－3 重组协议(如有)

7－2－4 特别表决权股份等差异化表决安排涉及的协议(如有)

7－2－5 高级管理人员、员工配售协议(如有)

7－2－6 其他重要商务合同(如有)

7－3 特定行业(或企业)的管理部门出具的相关意见(如有)

7－4 承诺事项

7－4－1 发行人及其实际控制人、控股股东、持股5%以上股东以及发行人董事、监事、高级管理人员等责任主体的重要承诺以

及未履行承诺的约束措施

7-4-2 有关消除或避免相关同业竞争的协议以及发行人的控股股东和实际控制人出具的相关承诺

7-4-3 发行人全体董事、监事、高级管理人员对发行申请文件真实性、准确性、完整性的承诺

7-4-4 发行人控股股东、实际控制人对招股说明书的确认意见

7-4-5 发行人监事对招股说明书的确认意见

7-4-6 发行人关于申请电子文件与预留原件一致的承诺函

7-4-7 保荐人关于申请电子文件与预留原件一致的承诺函

7-4-8 发行人保证不影响和干扰审核的承诺函

7-5 说明事项

7-5-1 发行人关于申请文件不适用情况的说明

7-5-2 发行人关于招股说明书不适用情况的说明

7-5-3 信息披露豁免申请(如有)

7-6 保荐协议

7-7 其他文件

发行人提交的申请材料要严格按照中国证监会和深圳证券交易所的规定格式和要求进行制作,发行上市申请文件与中国证监会和交易所规定的文件目录不相符,文档名称与文档内容不相符,文档格式不符合中国证监会和交易所的要求,签章不完整或者不清晰,文档无法打开或者存在交易所认定的其他不齐备情形的,深圳证券交易所要求发行人在不超过30个工作日内予以补正。如果发行人上市申请文件存在下列情形之一的,交易所不予受理发行人的发行上市申请文件:

(1)招股说明书、发行保荐书、上市保荐书等发行上市申请文件不齐备且未按要求补正。

(2)保荐人、证券服务机构及其相关人员因证券违法违规被采取认定为不适当人选、限制业务活动、一定期限内不接受其出具的相关文件等相关措施,尚未解除;因首次公开发行并上市、上市公司发行证券、并购重组业务涉嫌违法违规,或者其他业务涉嫌违法违规且对市场有重大影响正在被立案调查、侦查,尚未结案。

164. 创业板还需要中国证监会审核吗?

创业板设立时,我国证券市场的审核制度实行核准制。《创业板首发注册办法》实施后,创业板的审核由核准制变成注册制,由证券交易所负责发行上市的审核工作,中国证监会通过注册程序对发行审核工作进行监管。因此,科创板首发上市和科创板一样不需要经中国证监会审核,但在上海证券交易所审核通过后,要报送中国证监会注册,取得中国证监会的注册文件后,企业即完成发行前的准备工作,然后即可聘请承销商进行发行与承销工作。科创板的上市审核也是由上海证券交易所负责的,在发行审核时已经同时完成了上市的审核工作,只要报送中国证监会取得注册决定后,即可按照规定安排发行股票及上市工作。

165. 创业板的审核机构是如何组成的?

创业板的首发上市审核由深圳证券交易所负责。深圳证券交易所组建了发行上市审核机构、上市委员会、行业咨询专家库等机构,对首发上市项目进行审核。交易所发行上市审核机构负责申报材料的审核工作,组织问询,听取发行人、保荐人及其他证券服务机构的回复,出具审核报告并提交至上市委员会。创业板上市委员会负责对发行上市申请文件进行审议、复审等工作。行业咨询专家库专家负责对首发上市是否符合创业板定位等事宜提供咨询意见。

166. 创业板发行上市的审核程序有哪些主要环节？

企业申请在创业板首发上市，在提交申请材料后，要经历受理、证券交易所发行上市审核机构审核、上市委员会审议、提交中国证监会注册等程序。

1. 受理

深圳证券交易所收到发行上市申请文件后 5 个工作日内，对文件进行核对，作出是否受理的决定，告知发行人及其保荐人，并在交易所网站公示。交易所受理发行上市申请文件当日，发行人应当在交易所网站预先披露招股说明书、发行保荐书、上市保荐书、审计报告和法律意见书等文件。

2. 证券交易所发行上市审核机构审核

（1）问询

深圳证券交易所成立的发行上市审核机构负责发行上市申请文件的审核工作。交易所发行上市审核机构按照发行上市申请文件受理的先后顺序开始审核。

对股票首次发行上市申请，交易所发行上市审核机构自受理之日起 20 个工作日内，通过保荐人向发行人提出首轮审核问询。首轮审核问询后，存在下列情形之一的，交易所发行上市审核机构收到发行人回复后 10 个工作日内可以继续提出审核问询：

①首轮审核问询后，发现新的需要问询事项；

②发行人及其保荐人、证券服务机构的回复未能有针对性地回答交易所发行上市审核机构提出的审核问询，或者交易所就其回复需要继续审核问询；

③发行人的信息披露仍未满足中国证监会和交易所规定的要求；

④交易所认为需要继续审核问询的其他情形。

交易所发行上市审核机构可以根据需要，就发行上市申请文件中与发行人业务与技术相关的信息披露问题，向交易所行业咨询专家库中的相关专家进行咨询；相关专家所提出的咨询意见，可以供交易所审核问询参考。

交易所依照相关规定，从发行上市申请文件已被交易所受理的发行人中抽取一定比例，对其信息披露质量进行现场检查。交易所在发行上市审核中，发现发行上市申请文件存在重大疑问且发行人及其保荐人、证券服务机构回复中无法作出合理解释的，可以对发行人及其保荐人、证券服务机构进行现场检查。

(2)发行人及保荐人、证券服务机构回复

发行人及其保荐人、证券服务机构应当按照交易所发行上市审核机构审核问询要求进行必要的补充调查和核查，及时、逐项回复交易所发行上市审核机构提出的审核问询，相应补充或者修改发行上市申请文件，并于上市委员会审议会议结束后 10 个工作日内汇总补充报送与审核问询回复相关的保荐工作底稿和更新后的验证版招股说明书。

(3)出具审核报告

交易所发行上市审核机构收到发行人及其保荐人、证券服务机构对交易所审核问询的回复后，认为不需要进一步审核问询的，将出具审核报告并提交上市委员会审议。

(4)上市委员会审议

创业板首发上市在交易所审核的决定权归深圳证券交易所上市委员会，上市委员会以审议会议方式对创业板首发上市项目作出审核决定。

交易所发行上市审核机构出具审核报告后，安排上市委员会召开审议会议，对审核报告及发行上市申请文件进行审议。上市委员会审议时，参会委员就审核报告的内容和发行上市审核机构提出的初步审核意见发表意见，通过合议形成发行人是否符合发行条件、上市条件和信息披露要求的审议意见。

发行人存在尚待核实的重大问题，无法形成审议意见的，经会议合议，上市委员会可以对该发行人的发行上市申请暂缓审议，暂缓审议时间不超过 2 个月。对发行人的同一发行上市申请，上市委员会只能暂缓审议一次。

上市委员会进行审议时要求对发行人及其保荐人进行现场问询的，发行人代表及保荐代表人应当到会接受问询，回答委员提出的问题。

(5)出具审核意见

交易所结合上市委员会的审议意见，出具发行人符合发行条件、上市条件和信息披露要求的审核意见或者作出终止发行上市审核的决定。

3. 向证监会报送审核意见

交易所审核通过的,由交易所向中国证监会报送发行人符合发行条件、上市条件和信息披露要求的审核意见、相关审核资料和发行人的发行上市申请文件,申请中国证监会注册。

中国证监会在注册程序中,要求交易所进一步问询的,交易所向发行人及保荐人、证券服务机构提出反馈问题。决定退回交易所补充审核的,交易所发行上市审核机构对要求补充审核的事项重新审核,并提交上市委员会审议。交易所审核通过的,重新向中国证监会报送审核意见及相关资料;审核不通过的,作出终止发行上市审核的决定。

167. 创业板的上市委员会是什么机构?

创业板上市委员会由深圳证券交易所设立,委员不超过 60 名,主要由深圳证券交易所以外的专家和深圳证券交易所相关专业人员组成。创业板上市委员会通过上市委员会工作会议的形式履行职责。上市委员会会议以合议方式进行审议和复审,通过集体讨论,形成合议意见。

上市委员会履行以下职责:

(1)对交易所发行上市审核机构出具的审核报告以及发行上市申请文件进行审议,就发行上市审核机构提出的初步审核意见,提出审议意见;

(2)对发行人提出异议的交易所不予受理、终止审核决定进行复审,提出复审意见;

(3)对交易所发行上市审核机构及相关部门提交咨询的事项进行讨论,提出咨询意见;

(4)对上市委员会年度工作进行讨论、研究;

(5)交易所规定的其他职责。

168. 创业板的行业咨询专家库是什么机构?

创业板的行业咨询专家库由深圳证券交易所设立,专家库是深圳证券交易所专家咨询机构,负责向深圳证券交易所提供专业咨询、人员培训和政策建议。行业咨询专家库由从事与新技术、新产业、新业态、新模式紧密相关行业的权威专家、知名企业家、资深投资专家组成,并可根据行业设立不同咨询组别,所有专家均为兼职。专家库专家由深圳证券交易所按照依法、公开、择优的原则选聘。深圳证券交易所根据需要对专家库人数和人员构成进行调整,专家库专家主要为下列事项提供咨询意见:

1. 发行上市申请文件中与发行人业务和技术相关的信息披露问题;
2. 发行人是否符合创业板定位;
3. 重组上市标的资产是否为符合国家战略的高新技术产业和战略性新兴产业资产;
4. 国内外科技创新及产业化应用的发展动态;
5. 深圳证券交易所相关行业信息披露规则的制定;
6. 深圳证券交易所根据工作需要提请咨询的其他事项。

169. 创业板审核的反馈环节有什么要求?

创业板审核主要是通过问询及答复方式进行的,回复交易所上市发行审核机构的问询即我们常说的反馈。反馈环节有以下几个方面的规定。

(1)与交易所审核人员的沟通

在首轮审核问询发出前,发行人及其保荐人、证券服务机构及其相关人员不得与审核人员接触,不得以任何形式干扰审核工作。在首轮审核问询发出后,发行人及其保荐人对交易所审核问询存在疑问的,可以通过交易所发行上市审核业务系统进行沟通;确需当面沟通的,可以通过交易所发行上市审核业务系统预约。

(2)审核问询的补充调查及回复

发行上市审核机构问询后,发行人及其保荐人、证券服务机构应当按照交易所发行上市审核机构审核问询要求进行必要的补充调查和核查,及时、逐项回复交易所发行上市审核机构提出的审核问询,相应补充或者修改发行上市申请文件,并于上市委员会审议会议结束后10个工作日内汇总补充报送与审核问询回复相关的保荐工作底稿和更新后的验证版招股说明书。

发行人及其保荐人、证券服务机构对交易所发行上市审核机构审核问询的回复是发行上市申请文件的组成部分,发行人及其保荐人、证券服务机构应当保证回复的真实、准确、完整,并在回复后及时在交易所网站披露问询和回复的内容。

(3)豁免披露事项

发行上市申请文件和对交易所发行上市审核机构审核问询的回复中,拟披露的信息属于国家秘密、商业秘密,披露后可能导致其违反国家有关保密的法律法规或者严重损害公司利益的,可以豁免披露。交易所认为豁免披露理由不成立的,发行人应当按照规定予以披露。

(4)问询期限

发行人及其保荐人、证券服务机构回复交易所审核问询的时间总计不超过3个月。出现中止审核、请示有权机关、落实上市委员会意见、暂缓审议、处理会后事项、实施现场检查、要求进行专项核查,并要求发行人补充、修改申请文件等情形,不计算在规定的时限内。

(5)信息披露

发行上市审核中,发行人回复交易所审核问询或者发生其他情形,需要更新预先披露文件的,应当修改相关信息披露文件,并在交易所发出上市委员会会议通知前,将修改后的招股说明书、发行保荐书、上市保荐书、审计报告和法律意见书等文件预先披露。

170. 创业板审核周期有多长?

申请股票在创业板首发上市的,交易所自受理发行上市申请文件之日起,交易所审核和中国证监会注册的时间总计不超过3个月。交易所在规定的时限内出具发行人符合发行条件、上市条件和信息披露要求的审核意见或者作出终止发行上市审核的决定,但发行人及其保荐人、证券服务机构回复交易所审核问询的时间不计算在内。

发行人及其保荐人、证券服务机构回复交易所审核问询的时间总计不超过3个月。出现中止审核、请示有权机关、落实上市委员会意见、暂缓审议、处理会后事项、实施现场检查、要求进行专项核查,并要求发行人补充、修改申请文件等情形,不计算在规定期限内。

从上述规定及从创业板注册制改革后的审核周期来看,一般在6个月。随着申报企业的增加,创业板审核时间可能还会有所增加,但总体的时间较原来的审核周期已经大大缩短。

171. 创业板审核都要现场检查吗?

交易所在创业板首发上市审核中,可能会进行现场检查。检查对象包括问题导向和随机抽取两种方式。问题导向的检查对象由交易所审核部门确定,也可能在注册时由中国证监会或其注册部门确定。交易所发现发行上市申请文件存在重大疑问且发行人及其保荐人、证券服务机构回复中无法作出合理解释的,可以对发行人及其保荐人、证券服务机构进行现场检查。

随机抽取是由中国证券业协会确定的。中国证券业协会依据相关规定随机抽取检查对象,检查对象确定后向社会公布相关信息。随机抽取的企业名单范围由中国证监会汇总提供的所有未经上市委员会会议审议或未经发审会审核,且未参与过随机抽取的首发企业构成。

检查对象确定后,审核或注册部门应当在3个工作日内书面通知检查对象和中介机构,检查对象自收到书面通知后10个工作日内撤回首发申请的,原则上不再对该企业实施现场检查。在撤回申请后12个月内再次申请境内首发上市的,应当列为检查对象。

启动现场检查前,检查机构应当至少提前5个工作日以书面形式告知检查对象,要求检查对象准备有关文件和资料,要求相关人员在场配合检查。

实施现场检查时,审核或注册部门组成检查组,必要时,可以聘请独立的外部专业人员从事辅助检查工作。检查组可以根据需要采取以下检查方式:

(1)查看检查对象的生产、经营、管理场所及其他相关场所,获取有关工商等资料;

(2)获取有关资金流水,生产、销售、仓储记录,会计凭证,会计账簿,财务报表等文件资料;

(3)就主要业务循环和会计信息系统进行穿行测试;

(4)问询检查对象控股股东和实际控制人、董事、监事、高级管理人员以及销售、采购、生产、仓储、财务等相关人员;

(5)走访检查对象重要客户及供应商等有关单位和人员,核实相关信息;

(6)核查中介机构工作底稿,询问有关人员、进行现场取证等;

(7)检查组认为必要的其他方式。

172. 创业板首发上市时,中国证监会的注册是如何进行的?

创业板实施注册制后,发行人首发上市申请经证券交易所审核通过后,和科创板一样,要向中国证监会履行注册程序。

创业板上市企业经深圳证券交易所审核通过,向中国证监会报送发行人符合发行条件、上市条件和信息披露要求的审核意见、相关审核资料和发行人的发行上市申请文件。中国证监会收到上述文件后,履行发行注册程序。发行注册主要关注交易所发行上市审核内容有无遗漏,审核程序是否符合规定,以及发行人在发行条件和信息披露要求的重大方面是否符合相关规定。

中国证监会认为存在需要进一步说明或者落实事项的,可以要求交易所进一步问询。证券交易所按照问询通知后,向发行人及保荐人、证券服务机构提出反馈问题。发行人及保荐人、证券服务机构应按照证券交易所规定的时间予以回复。

中国证监会认为交易所对影响发行条件的重大事项未予关注或者交易所的审核意见依据明显不充分的,可以退回交易所补充审核。交易所补充审核后,同意发行人股票公开发行并上市的,重新向中国证监会报送审核意见及相关资料。

中国证监会在注册程序中,决定退回证券交易所补充审核的,证券交易所发行上市审核机构对要求补充审核的事项重新审核,并提交上市委员会审议。证券交易所审核通过的,重新向中国证监会报送审核意见及相关资料;审核不通过的,作出终止发行上市审核的决定。

173. 创业板企业完成注册后还要注意哪些事项?

创业板经中国证监会注册完成后,发行人还应注意完成以下事项:

1. 披露招股意向书

发行人在取得中国证监会予以注册决定后至启动股票公开发行前,应当在深圳证券交易所网站和符合中国证监会规定条件的网站披露招股意向书。

2. 发生重大事项时向交易所报告及更新申请文件

中国证监会作出注册决定后至股票上市交易前,发生重大事项的,发行人及其保荐人应当及时向交易所报告,并按要求提交信息披露文件内容,财务报表已过有效期的,发行人应当补充财务会计报告等文件;保荐人以及证券服务机构应当持续履行尽职调查职责;发生重大事项的,发行人、保荐人应当及时向交易所报告。交易所应当对上述事项及时处理,发现发行人存在重大事项影响发行条件、上市条件的,应当出具明确意见,并及时向中国证监会报告。

发行人的保荐人、证券服务机构应当持续履行尽职调查职责,并向交易所提交专项核查意见。发生重大事项可能导致发行人不符合发行条件、上市条件或者信息披露要求的,发行人应当暂停发行;已经发行的,中止上市。

3. 准备股票发行工作

中国证监会作出的予以注册决定,自作出之日起 1 年内有效,发行人应当在注册决定有效期内发行股票,发行时点由发行人自主选择。发行人取得中国证监会的注册决定后,即可开始股票发行的准备工作,包括聘请承销商、路演、询价、定价等一系列工作。

174. 企业目前还没有盈利，能上市吗?

根据我国目前关于科创板、创业板的上市规则,企业没有盈利也可以上市,但主板仍对企业盈利能力有要求。主板对盈利的连续性和绝对金额要求比较高,具体要求为最近 3 个会计年度净利润均为正数且累计超过人民币 3000 万元,净利润以扣除非经常性损益前后较低者为计算依据,科创板、创业板强调持续经营能力,强调市值,淡化了盈利能力的要求。

科创板的发行上市财务条件以预计市值为中心,具体的要求为:

1. 预计市值不低于人民币 10 亿元,最近两年净利润均为正且累计净利润不低于人民币 5000 万元,或者预计市值不低于人民币 10 亿元,最近 1 年净利润为正且营业收入不低于人民币 1 亿元。

2. 预计市值不低于人民币 15 亿元,最近 1 年营业收入不低于人民币 2 亿元,且最近 3 年累计研发投入占最近 3 年累计营业收入的比例不低于 15%。

3. 预计市值不低于人民币 20 亿元,最近 1 年营业收入不低于人民币 3 亿元，且最近 3 年经营活动产生的现金流量净额累计不低于人民币 1 亿元。

4. 预计市值不低于人民币 30 亿元，且最近 1 年营业收入不低于人民币 3 亿元。

5. 预计市值不低于人民币 40 亿元，主要业务或产品需经国家有关部门批准，市场空间大，目前已取得阶段性成果。医药行业企业需至少有一项核心产品获准开展二期临床试验，其他符合科创板定位的企业需具备明显的技术优势，并满足相应条件。

除上述标准外，虽然也参考财务指标，但强调持续经营能力，不强调持续盈利能力。尚未盈利或存在累计未弥补亏损的企业，只要核心产品有明显技术优势，就可以在科创板发行上市。

创业板的发行上市财务条件也以预计市值为中心，具体要求为：

1. 最近 2 年净利润均为正，且累计净利润不低于人民币 5000 万元；

2. 预计市值不低于人民币 10 亿元，最近 1 年净利润为正且营业收入不低于人民币 1 亿元；

3. 预计市值不低于人民币 50 亿元，且最近 1 年营业收入不低于人民币 3 亿元。

第十章　发行与承销

175. 发行股票是不是相当于上市了?

上市是一个证券市场术语。通常指称的上市即首次公开发行并上市,是企业通过证券交易所首次公开向社会投资者增发股票,以期募集用于企业发展资金的过程,并在完成发行股票后到证券交易所上市交易。狭义的上市仅指发行股票后与证券交易所交易的安排,和发行是前后衔接的两个不同阶段。

股票发行要经历路演、询价、定价、缴款等程序,发行达到规定要求才算发行成功。公司股票发行成功后,才能向证券交易所申请,由交易所安排上市。

综上所述,严格来讲,发行股票并不相当于上市,两者不能等同。

176. 企业在上市前能够自己公开发行吗?

股票发行分为公开发行和非公开发行,公开发行是指发行人经过证券承销商在证券市场上向不特定投资者销售证券的方式;非公开发行股票是指股份有限公司采用非公开方式,向特定对象发行股票的行为。通说的发行股票大多是指公开发行股票;企业通过朋友或其他资源引入数个或数十个投资者(股东人数不能超过 200 人)属于企业自行引入投资者的行为。只要不采取公开发行的手段,并不算这里说的公开发行行为。

《证券法》规定:公开发行证券,必须符合法律、行政法规规定的条件,并依法报经国务院证券监督管理机构或者国务院授权的部门注册。未经依法注册,任何单位和个人不得公开发行证券。证券发行注册制的具体范围、实施步骤,由国务院规定。

因此,企业在上市之前不能自行公开发行股票。

177. 承销机构是做什么的?

承销商,是指在股票发行中以包销或代销方式向投资者销售公司股票的证券经营机构。国际上,承销商一般由信誉卓著、实力雄厚的商人银行(英国)、投资银行(美国)及大的证券公司担任。在我国,一般由具有承销资格的证券公司担任。承销商往往由申请发行上市企业聘请的保荐人担任,也可由保荐人联合其他承销商组成承销团。

根据证券经营机构承担的责任和风险的不同,承销分为代销和包销。代销是指证券发行人委托承销机构代理向投资者销售证券。如在约定期限内未全部售出,则未售出部分退还给发行人。承销商与发行人之间是代理关系,不承担风险。上市公司非公开发行股票,可以采取代销方式。

包销是指承销机构按合同买下全部或销售剩余部分的证券,承担全部销售风险。发行人与承销商之间是买卖关系。首次公开发行股票要求采用包销方式。

如发行股票数额较大,往往由多个承销商(承销团)共同承销。

法律要求证券承销商承担保证责任,其主要原因如下:

1. 证券承销商处于可对发行公司的品质给予担保认可的地位。某种程度上,一流的证券承销商利用声誉对其所承销的证券作出保证。因此,证券承销商的地位,实际上会大大影响投资者。

2. 证券承销商对有关发行人事项的调查与确认,也为投资者提供保证。证券承销商基本为经验丰富的专家,且具备从事调查的必要能力。

3. 证券承销商可以自主选择是否承销发行的证券。

178. 发行需要经历哪些环节?

根据《证券发行与承销管理办法》的相关规定,企业经过发行审核通过后进入定价配售、证券承销、信息披露等阶段,我们可以称为发行程序,发行程序主要包括以下几个步骤。

1. 主承销商向中国证监会或交易所报备发行与承销方案

发行人取得中国证监会的核准或注册决定后,即可安排首次公开发行的准备工作。主板上市企业自中国证监会核准发行之日起,发行人应在6个月内发行股票;科创板、创业板自中国证监会同意注册的决定作出之日起1年内有效,发行人应当在核准文件和注册决定有效期内发行股票,发行时点由发行人自主选择。

发行人确定发行方案后,在发行前要向中国证监会(主板)和证券交易所(科创板、创业板)报备发行与承销方案。

2. 公告招股意向书(招股说明书)

主承销商向交易所报备发行与承销方案后,交易所5个工作日内无异议的,发行人按照规定披露招股意向书(或募集说明书)全文、招股说明书全文、初步询价公告、备查文件和附录等,启动发行工作。

3. 网上路演

证券发行环节的路演是指股票发行人和承销商面向投资者所举行的股票推介报告活动,路演的目的是促进投资者与股票发行人之间的沟通和交流,以保证股票的顺利发行。目前,我国网上路演已成为上市公司新股推介的重要形式。网上路演借助强大的互联网技术支持,以实时、开放、交互的网络优势实现投融资双方充分的网上互动交流。

4. 询价与定价

主板、创业板首次公开发行股票,可以通过向网下投资者询价的方式确定股票发行价格,也可以通过发行人与主承销商自主协商直接定价等其他合法可行的方式确定发行价格,公开发行股票数量在2000万股(含)以下且无老股转让计划的,应当通过直接定价的方式确定发行价格。科创板则要求通过向网下投资者询价的方式确定股票发行价格。发行人和主承销商应当在招股意向书(或招股说明书)和发行公告中披露本次发行股票的定价方式。主承销商根据初步询价结果,确定有效报价配售对象名单、发行价格及最终的新股发行数量。

5. 披露发行公告,网上网下申购

发行人在符合条件的媒体披露《发行公告》及《投资风险特别公告》等,投资者参与申购。采用累计投标询价方式的,入围的网下投资者应在发行价格区间内重新报价,申购数量应与其初步询价时申购数量一致;网上投资者按区间价格上限申购。主承销商根据新股发行初步结果,决定是否启动回拨机制,最终确定新股发行结果。主承销商披露新股发行网上申购情况、中签率公告、网下初步配售结果公告等。

6. 办理股份登记及工商登记变更手续

缴纳认购款并由会计师事务所验资出具报告,披露发行结果公告。中国证券登记结算有限责任公司办理发行股份登记,主承销商协助发行人尽快办理工商登记变更手续。发行完成后即可申请进入上市程序。

根据发行定价方式及各板块的情况,发行程序也有差异,具体发行程序可咨询证券服务机构及证券交易所。以《深圳证券交易所首次公开发行股票发行与上市指南》为例,在深圳证券交易所主板首次公开发行股票的程序如图10-1[①]所示:

① 摘自《深圳证券交易所首次公开发行股票发行与上市指南》“七、发行上市流程图”。

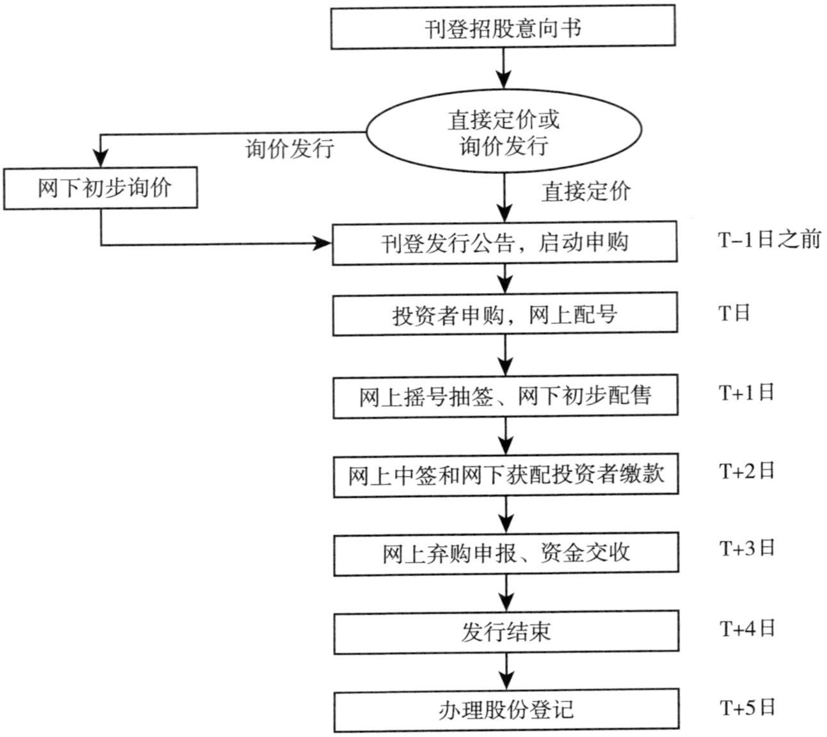

图 10－1 发行流程

179. 科创板首次公开发行与承销有什么特殊规定？

科创板股票公开发行环节，基本与主板相同，但也有一些不同的规定，这些不同之处如下：

1. 科创板首次公开发行股票，只能通过询价方式定价，科创板发行人应当向经中国证券业协会注册的证券公司、基金管理公司、信托公司、财务公司、保险公司、合格境外机构投资者和私募基金管理人等网下投资者询价确定股票发行价格。发行人和主承销商可以根据自律规则，设置网下投资者的具体条件，并在

《发行公告》中预先披露。主板除询价方式外，也可以通过发行人与承销商自主协商直接定价等方式确定发行价格。

2. 科创板发行明确规定，网下投资者可以按照管理的不同配售对象账户分别申报价格，每个报价应当包含配售对象信息、每股价格和该价格对应的拟申购股数。首次公开发行股票价格（或者发行价格区间）确定后，提供有效报价的网下投资者可参与新股申购。参与询价的网下投资者可以为其管理的不同配售对象账户分别填报一个报价，每个报价应当包含配售对象信息、每股价格和该价格对应的拟申购股数。同一网下投资者全部报价中的不同拟申购价格不超过 3 个。主板则是以每个网下投资者作为配售对象申报价格的。

3. 网下初始发行比例的规定与主板存在差异。科创板公开发行后总股本不超过 4 亿股的，网下初始发行比例不低于本次公开发行股票数量的 70%。公开发行后总股本超过 4 亿股或者发行人尚未盈利的，网下初始发行比例不低于本次公开发行股票数量的 80%。主板的上述比例分别为 60%、70%。

4. 科创板发行时，要求发行人应当安排不低于本次网下发行股票数量的 50%，优先向公募产品（包括为满足不符合科创板投资者适当性要求的投资者投资需求而设立的公募产品）、社保基金、养老金、根据《企业年金基金管理办法》设立的企业年金基金和符合《保险资金运用管理办法》等相关规定的保险资金配售。主板向上述投资者配售的比例为 40%。

5. 科创板首次公开发行股票，网上投资者有效申购倍数超过 50 倍且不超过 100 倍的，应当从网下向网上回拨，回拨比例为本次公开发行股票数量的 5%；网上投资者有效申购倍数超过 100 倍的，回拨比例为本次公开发行股票数量的 10%；回拨后无限售期的网下发行数量原则上不超过本次公开发行股票数量的 80%。主板发行时上述比例分别为 20%、40%，回拨后无锁定期网下发行比例不超过本次公开发行股票数量的 10%。

6. 科创板首次公开发行股票可以向战略投资者配售。首次公开发行股票数量在 1 亿股以上的，战略投资者获得配售的股票总量原则上不得超过本次公开发行股票数量的 30%，超过的应当在发行方案中充分说明理由。首次公开发行股票数量不足 1 亿股的，战略投资者获得配售的股票总量不得超过本次公开发行股票数量的 20%。主板向战略投资者配售的前提是首次公开发行股票数量在 4 亿股以上。

7. 科创板试行保荐机构相关子公司跟投制度。发行人的保荐机构依法设立的相关子公司或者实际控制该保荐机构的证券公司依法设立的其他相关子公司,参与本次发行战略配售,并对获配股份设定限售期。主板并没有保荐机构相关子公司跟投制度。

8. 科创板发行人的高级管理人员与核心员工可以设立专项资产管理计划参与本次发行战略配售。该专项资产管理计划获配的股票数量不得超过首次公开发行股票数量的 10%,且应当承诺获得本次配售的股票持有期限不少于 12 个月。主板发行时高级管理人员与员工不允许作为配售对象。

9. 科创板发行人和主承销商可以在发行方案中采用超额配售选择权。采用超额配售选择权发行股票数量不得超过首次公开发行股票数量的 15%。主板采用超额配售选择权的前提是首次公开发行股票数量在 4 亿股以上。

10. 科创板发行过程中,以询价后确定的发行价格计算的发行人预计发行后总市值不满足其在招股说明书中明确选择的市值与财务指标上市标准的,会导致科创板发行的中止,甚至导致科创板发行失败,这是由于科创板发行上市的标准中采用的是市值标准。主板目前不是以市值作为发行上市标准,因此主板发行时不存在因价格原因产生的中止发行。

180. 创业板首次公开发行与承销有什么特殊规定?

与主板和科创板相比,创业板公开发行与承销均有不同的规定,这些规定集中在《创业板首次公开发行证券与承销特别规定》以及《深圳证券交易所创业板首次公开发行证券发行与承销业务实施细则》之中。

创业板在公开发行与承销环节,与主板的不同主要表现在以下方面。

1. 定价方式

(1) 直接定价方式的限制

创业板发行定价规定了通过询价方式确定和直接定价方式确定两种方式。通过询价方式确定发行价格与主板相同,但通过直接定价方式确定发行价格与主板有差别。创业板发行数量2000万股以下且无股东公开发售股份的，发行人和主承销商可以通过直接定价的方式确定发行价格，但主板无论发行多少均可通过发行人与主承销商自主协商直接定价，而对发行数量2000万股(含)以下且无老股转让计划的，则必须通过直接定价的方式确定发行价格。

(2)发行价格的限制

创业板限定了直接定价方式下的发行价格，创业板通过直接定价的方式确定的发行价格对应的市盈率不得超过同行业上市公司二级市场平均市盈率；已经或者同时境外发行的，通过直接定价的方式确定的发行价格不得超过发行人境外市场价格。

(3)尚未盈利企业的定价

创业板允许尚未盈利的企业首发上市，发行人尚未盈利的，应当通过向网下投资者询价的方式确定发行价格。主板目前还不允许尚未盈利的企业进入。

2. 询价对象

创业板的询价对象限于机构投资者，不允许个人投资者参与。创业板的询价对象包括证券公司、基金管理公司、信托公司、财务公司、保险公司、合格境外机构投资者和私募基金管理人等专业机构投资者。主板则允许符合条件的个人投资者参与。

3. 投资价值研究报告的提供

创业板首次公开发行证券采用询价方式的，要求主承销商应当向网下投资者提供投资价值研究报告，并遵守中国证券业协会关于投资价值研究报告的规定。主板虽也要求初步询价时向投资者提供，但在发行中并不是强制性规定。

4. 网下投资者的报价

创业板允许参与询价的网下投资者可以为其管理的不同配售对象分别报价。同一网下投资者的不同报价不得超过3个，且最高报价不得高于最低报价的120%。主板发行时网下投资者的报告是唯一的。

5. 投资风险提示

创业板和主板都要求发行人和主承销商询价确定的发行价格对应市盈率超过同行业可比上市公司二级市场平均市盈率。与主板不同的是，创业板还明确要求发行价格超过境外市场价格，或者发行人尚未盈利的，应当在网上申购前发布《投资风险特别公告》。

创业板还规定发行人和主承销商询价确定的发行价格超过剔除最高报价后网下投资者报价的中位数和加权平均数,剔除最高报价后公募基金、社保基金、养老金、企业年金基金和保险资金报价中位数和加权平均数低值的,应当按照以下原则发布《投资风险特别公告》:

(1)超出比例不高于10%的,在网上申购前至少5个工作日发布1次以上《投资风险特别公告》;

(2)超出比例超过10%的且不高于20%的,在网上申购前至少10个工作日发布2次以上《投资风险特别公告》;

(3)超出比例超过20%的,在网上申购前至少15个工作日发布3次以上《投资风险特别公告》。

6. 发行价格区间

创业板发行对发行价格区间上限作出了限制性规定,要求发行人和主承销商确定的发行价格区间上限不得高于区间下限的120%。

7. 回拨比例

创业板公开发行后总股本不超过4亿股的,网下初始发行比例不低于本次公开发行证券数量的70%;公开发行后总股本超过4亿股或者发行人尚未盈利的,网下初始发行比例不低于本次公开发行证券数量的80%。主板的上述比例分别为60%、70%。

创业板首次公开发行股票,网上投资者有效申购倍数超过50倍、低于100倍(含)的,应当从网下向网上回拨,回拨比例为本次公开发行股票数量的10%;网上投资者有效申购倍数超过100倍的,回拨比例为本次公开发行股票数量的20%,回拨后无限售期的网下发行数量原则上不超过本次公开发行股票数量的70%。主板规定的上述回拨比例分别为20%和40%,网上投资者有效申购倍数超过150倍的,回拨后无锁定期网下发行比例不超过本次公开发行股票数量的10%。

8. 分类配售方式

创业板对网下投资者分类配售的,发行人和主承销商可以对同类投资者采取比例配售或者摇号配售方式。采取比例配售方式的,同类投资者配售比例应当相同。采取摇号配售方式的,同类投资者中签率应当相同。而主板对网下投资者的配售一般采用比例配售方式。

9. 配售比例

创业板和主板都要求发行时应当安排不低于本次网下发行数量的一定比例优先向公募基金、社保基金、养老金、企业年金基金和保险资金配售。创业板规定发行人应当安排不低于本次网下发行数量的70%优先向公募基金、社保基金、养老金、企业年金基金和保险资金配售。主板要求发行时应当安排不低于本次网下发行股票数量的40%优先向公募基金、社保基金、养老金配售,安排一定比例的股票向企业年金基金和保险资金配售。

10. 向战略投资者配售

创业板首次公开发行证券可以向战略投资者配售,战略投资者原则上不超过35名。发行人和主承销商可以根据战略投资者的资质、长期战略合作关系等,对战略投资者配售证券设置不同的限售期。主板可以向战略者配售的条件为首次公开发行股票数量在4亿股以上。

11. 高级管理人员与核心员工参与战略配售限制

创业板发行人的高级管理人员与核心员工可以通过设立资产管理计划参与本次发行战略配售。主板发行人的高级管理人员与核心员工是不允许参与战略配售的。

创业板首次公开发行与承销,与科创板相比也有一些不同的规定,主要有:

1. 定价方式

创业板发行定价规定了通过询价方式确定和直接定价方式确定两种方式。科创板发行定价只规定了询价方式确定发行价格。

2. 询价对象

创业板的询价对象限于机构投资者,不允许个人投资者参与。创业板的询价对象包括证券公司、基金管理公司、信托公司、财务公司、保险公司、合格境外机构投资者和私募基金管理人等专业机构投资者。主板则允许符合条件的个人投资者参与。

3. 网下投资者的报价

创业板规定同一网下投资者的不同报价不得超过3个,且最高报价不得高于最低报价的120%。科创板则未对最高报价与最低报价的比例进行限制。

4. 发行价格区间

创业板发行对发行价格区间上限作出了限制性规定，要求发行人和主承销商确定的发行价格区间上限不得高于区间下限的120%。科创板则无此规定。

5. 配售比例

创业板和主板都要求发行时应当安排不低于本次网下发行数量的一定比例优先向公募基金、社保基金、养老金、企业年金基金和保险资金配售。创业板规定发行人应当安排不低于本次网下发行数量的70%优先向公募基金、社保基金、养老金、企业年金基金和保险资金配售。科创板规定的该配售比例为50%。

6. 回拨比例

创业板首次公开发行股票，网上投资者有效申购倍数超过50倍、低于100倍(含)的，应当从网下向网上回拨，回拨比例为本次公开发行股票数量的10%；网上投资者有效申购倍数超过100倍的，回拨比例为本次公开发行股票数量的20%，回拨后无限售期的网下发行数量原则上不超过本次公开发行股票数量的70%。科创板板规定的上述回拨比例分别为5%、10%和80%。

181. 承销中的回拨机制是怎么回事？

《证券发行与承销管理办法》规定，网上投资者有效申购倍数超过50倍、低于100倍(含)的，应当从网下向网上回拨，回拨比例为本次公开发行股票数量的20%；网上投资者有效申购倍数超过100倍的，回拨比例为本次公开发行股票数量的40%；网上投资者有效申购倍数超过150倍的，回拨后无锁定期网下发行比例不超过本次公开发行股票数量的10%。这就是发行与承销中的回拨机制。回拨机制是指当网上投资者有效申购倍数达到规定比例时，从网下投资者申购的股票中按照规定比例拨给网上投资者的制度。回拨机制主要目的是满足网上投资者投资要求，为其提供更多的投资机会，保证证券发行的公开、公平、公正。回拨机制仅限于网下向网上回拨，不存在网上向网下回拨的情况，如果首次公开发行股票网下投资者申购数量低于网下初始发行量的，发行人和主承销商不得将网下发行部分向网上回拨，应当中止发行。

科创板和创业板发行时，回拨比例与主板规定有所不同。科创板首次公开发行股票，网上投资者有效申购倍数超过50倍且不超过100倍的，应当从网下向网上回拨，回拨比例为本次公开发行股票数量的5%；网上投资者有效申购倍数超过100倍的，回拨比例为本次公开发行股票数量的10%；回拨后无限售期的网下发行数量原则上不超过本次公开发行股票数量的80%。

创业板首次公开发行证券，网上投资者有效申购倍数超过50倍且不超过100倍的，应当从网下向网上回拨，回拨比例为本次公开发行证券数量的10%；网上投资者有效申购倍数超过100倍的，回拨比例为本次公开发行证券数量的20%。回拨后无限售期的网下发行数量原则上不超过本次公开发行股票数量的70%。

182. 发行中的超额配售选择权是怎么回事？

超额配售选择权，是指首次公开发行股票时，发行人授予主承销商的一项选择权。在超额配售选择权行使期内，如果发行人股票的市场交易价格低于发行价格，主承销商用超额发售股票获得的资金，按不高于发行价的价格从集中竞价交易市场购买发行人的股票，分配给提出认购申请的投资者；如果发行人股票的市场交易价格高于发行价格，主承销商可以根据授权要求发行人增发股票，分配给提出认购申请的投资者，发行人获得发行此部分新股所募集的资金。

主板、科创板和创业板都规定了股票首次公开发行时可以行使超额配售选择权，采用超额配售选择权发行股票数量不得超过首次公开发行股票数量的15%。主板要求首次公开发行股票数量在4亿股以上的，可以向战略投资者配售，科创板和创业板则未对发行股票的数量进行限制，无论发行数量多少均可采用超额配售选择权。

183. 首次公开发行股票时，公司高级管理人员及员工可以参加配售吗？

首次公开发行股票时，对于公司高级管理人员及员工参与配售，主板和科创板、创业板规定不同。主板不允许公司高级管理人员及员工参与配售，科创板、创业板则允许高级管理人员及核心员工通过设立专项资产管理计划参与战略配售。

184. 发行人通过发行审核后股票会发行失败吗？

根据《证券法》第33条的规定，股票发行采用代销方式，代销期限届满，向投资者出售的股票数量未达到拟公开发行股票数量70%的，为发行失败。发行人应当按照发行价并加算银行同期存款利息返还股票认购人。

另外，根据《证券发行与承销管理办法》第7条第2款的规定，公开发行股票数量在4亿股(含)以下的，有效报价投资者的数量不少于10家；公开发行股票数量在4亿股以上的，有效报价投资者的数量不少于20家。剔除最高报价部分后有效报价投资者数量不足的，应当中止发行。历史上存在因有效报价投资者数量不足而中止发行的情形，如八菱科技和朗玛信息。根据相关规定，公司发行中止后，在核准文件有效期内，经向证监会备案，可重新启动发行。如果在主板规定的6个月发行期间，或在科创板、创业板规定的12个月发行期间仍没有发行成功，就是发行失败。随着注册制的实施，股票能否发行成功取决于投资者对企业的认可程度，未来首次公开发行股票失败会成为常态化，只是目前还处于卖方市场，发行失败的可能性较小。

185. 发行人股票发行失败了怎么办？

《公司法》第89条第2款规定，发行的股份超过招股说明书规定的截止期限尚未募足的，或者发行股份的股款缴足后，发起人在30日内未召开创立大会的，认股人可以按照所缴股款并加算银行同期存款利息，要求发起人返还。

《证券法》第33条规定，股票发行采用代销方式，代销期限届满，向投资者出售的股票数量未达到拟公开发行股票数量70%的，为发行失败。发行人应当按照发行价并加算银行同期存款利息返还股票认购人。

因此，当企业股票发行失败后，发行人应当按照发行价并加算银行同期存款利息返还股票认购人。

企业首次公开发行股票，分不同的情况。目前主板由中国证监会审核，在取得中国证监会的批文后，可以在6个月内安排发行工作，如果第一次发行失败，可以在6个月内重新安排发行，但不能超过规定的时间。科创板和创业板在取得中国证监会的注册文件后，可以在12个月内安排发行工作，只要不超过12个月，都可以公开发行。

第十一章　上　　市

186. 股票发行后是不是就完成全部上市工作了？

在主板和中小板上市的企业，取得中国证监会同意发行的文件后，可在6个月内完成发行工作。在科创板和创业板上市的企业，取得中国证监会同意注册的文件后，可以在1年内完成发行工作。

发行人完成发行工作后，还要向证券交易所申请上市。证券交易所会在发行后的7～11个工作日安排发行人股票挂牌交易。因此，股票发行完成后还有上市的系列工作，发行人应按照证券交易所的要求，提交材料，进行信息披露，申请上市。

187. 股票发行后上市流程是什么？

公司股票发行成功意味着公司完成了股票发行阶段的相关工作，随后应申请证券交易所交易的相关事项，进入上市阶段。

《证券法》第46条规定，申请证券上市交易，应当向证券交易所提出申请，由证券交易所依法审核同意，并由双方签订上市协议。从程序上来讲，发行人股票发行完成后，还需要向证券交易所提交上市申请，经交易所审核同意后安排上市相关事宜。科创板和创业板的发行与上市均由证券交易所审核，因此在实际操作中，发行人股票发行完成后，即可直接领取上市通知书，缴纳上市费用，完成上市程序。

公司在完成发行工作后，除由证券交易所安排挂牌上市事宜外，还要完成下列程序，如图 11－1 所示。

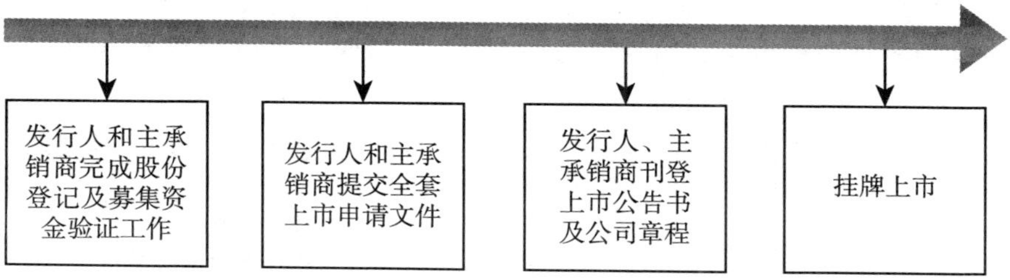

图 11－1　公司完成发行工作后的程序

1. 发行人完成股票发行并取得募集资金后，应委托会计师事务所出具验资报告，完成股份登记工作，并在主承销商的协助下完成工商登记变更手续。

2. 在主承销商的协助下提交全套上市申请文件，取得股票上市通知书，缴纳上市费用。主板发行人还要提交上市申请文件，经上市委员会审核后，才能取得上市通知书。

3. 按照证券交易所的要求披露上市公告书及相关文件。

4. 与证券交易所沟通并安排上市仪式，与交易所签订上市协议，公司股票正式上市。

188. 企业上市了，是不是就再也不会有问题了？

公司上市后并不是意味着没有任何问题了，如果不能做好主业，或者不思进取，企业同样会陷入困境，甚至面临破产倒闭的窘境。上市不是企业的“保护伞”。上市公司要成为合格的公众公司，还应注意以下问题。

1. 规范运作

上市公司要严格按照《公司法》《证券法》等相关法律法规的要求，完善股东大会、董事会、监事会制度，形成权力机构、决策机构、监督机构与经理层之间权责分明、各司其职、有效制衡、科学决策、协调运作的法人治理结构，规范股东大会、董事会、监事会、经理等高级管理人员的运作等。

2. 做好信息披露，提高公司运营的透明度

上市公司要切实履行作为公众公司的信息披露义务，严格遵守信息披露规则，保证信息披露内容的真实性、准确性、完整性、及时性和公平性，增强信息披露的有效性。要制定并严格执行信息披露管理制度和重要信息的内部报告制度，明确公司及相关人员的信息披露职责和保密责任，保障投资者平等获取信息的权利。

目前，科创板、创业板实行注册制，信息披露显得尤为重要，公司股东及其他信息披露义务人，要积极配合和协助上市公司履行相应的信息披露义务。上市公司应积极做好投资者关系管理工作，拓宽与投资者的沟通渠道，培育有利于上市公司健康发展的股权文化。

3. 专注于主营业务，做好长远战略规划

上市公司具有更多的发展机会，在面临这些机会时，更应专注于主营业务，做大做强主业，也可以利用上市后资本市场的发展优势，通过并购、投资等方式，整合所在行业，在主业上下游寻找发展机会，带动行业快速发展。上市公司得以长远发展，还应做好长远战略规划，加强技术研发，提高企业竞争力，使企业在市场竞争中立于不败之地。

根据《国务院关于进一步提高上市公司质量的意见》中“严格退市监管。完善退市标准，简化退市程序，加大退市监管力度”的精神，上海证券交易所及深圳证券交易所均已修改有关退市的规则。实施新的退市规则后，退市门槛将大大降低，退市难的情况会大有改观，但也会为上市公司带来更大的风险。深圳证券交易所和上海证券交易所新修订的主板、创业板、科创板股票上市规则，对退市作出新的规定。上市公司退市将分为交易类强制退市、财务类强制退市、规范类强制退市、重大违法类强制退市，大幅降低上市公司退市门槛，上市公司一旦触发退市条件，证券交易所将终止上市交易并强制退市。

因此，企业上市不代表企业可以高枕无忧，为了回报投资者，上市公司应专注于主业，合法规范运营，努力把上市公司做成一个百年企业。

189. 企业上市后是否还需要相关中介机构？

《上海证券交易所科创板股票上市规则》第3.1.2条规定，首次公开发行股票并在科创板上市的，持续督导期间为股票上市当年剩余时间以及其后3个完整会计年度。持续督导期届满，如有尚未完结的保荐工作，保荐机构应当继续完成。保荐机构应当与发行人、上市公司或相关方就持续督导期间的权利义务签订持续督导协议。

除此之外，《深圳证券交易所创业板股票上市规则》《上海证券交易所股票上市规则》《深圳证券交易所股票上市规则》等文件都对公司上市后的持续督导有类似的规定。

除持续督导外，上市公司的年报及半年报的出具需依托具有证券、期货从业资格的审计机构出具的审计报告；公司的年度股东大会需有律师事务所委派律师出席，并发表法律意见书。

如上市公司在上市后有再融资、并购重组之需求，按照法律法规的规定，同样需要聘请相应中介机构，包括财务顾问、律师事务所、会计师事务所等机构提供证券服务。上市公司发行债券，还要聘请评估师事务所、信用评级机构等提供服务。

190. 企业上市后中介机构能够为企业提供什么服务？

企业上市后，上市公司还需聘请保荐机构、律师事务所、会计师事务所等机构提供相应服务。

1. 上市后企业仍需要保荐机构提供持续督导服务。保荐机构的持续督导服务主要内容为：

保荐机构应当督导上市公司建立健全并有效执行公司治理制度、财务内控制度和信息披露制度，以及督导上市公司按照上市规则履行信息披露及其他相关义务，审阅信息披露文件及其他相关文件，并保证制作、出具的文件真实、准确、完整，没有虚假记载、误导性陈述或者重大遗漏。

保荐机构和保荐代表人应当督导上市公司的控股股东、实际控制人、董事、监事和高级管理人员遵守本规则及证券交易所的其他相关规定，并履行其所作出的承诺。

2. 根据《上市公司股东大会规则》的规定，公司召开股东大会，应当聘请律师对以下问题出具法律意见并公告。律师出具的意见主要包括：

(1) 会议的召集、召开程序是否符合法律、行政法规、本规则和公司章程的规定；

(2) 出席会议人员的资格、召集人资格是否合法有效；

(3) 会议的表决程序、表决结果是否合法有效；

(4) 应公司要求对其他有关问题出具的法律意见。

另外，上市公司如果在上市后再次发行股票，实施股权激励、并购重组、债券发行等事宜，都需要上市律师的参与，并由上市律师出具法律意见书。上市公司的日常法律服务最好有上市律师的参与，避免日常法律事务的处理违反上市规则，从而受到证券交易所和中国证监会的惩戒，给企业的再融资等工作带来负面影响。

3. 根据《公司法》及上市规则的相关规定，会计师事务所应当对上市公司的每个会计年度经营业绩进行审计，对公司的内部控制制度进行检查，出具内部控制制度评价报告，协助公司建立股份公司的财务会计制度、财务管理制度；投资人依据注册会计师审核鉴证的企业经营成果，决定投资额的增减和利润的分配。

191. 企业上市后股东持有股份的锁定期是指什么？

锁定期是指根据法律或承销商与进行首次公开上市公司的相关人士之间签

署的具有法律约束力的合约，在特定时期内，这些人士不可出售任何该公司的股份，目的是避免因大股东和主要管理人员的变动而为新上市的公司带来经营不确定性和业务不稳定性，以及为了降低对二级市场的冲击，或为了保护其他中小投资者的公平权利，对部分投资者采取的一定期限内限制其在证券市场转让其持有上市公司股份的行为，限制的这段期限即为锁定期。

锁定期主要适用于控股股东、实际控制人及其“一致行动人”持有的股份，以及其他在发行人申请上市前增资入股的股东等。控股股东、实际控制人持有的上市公司的股份自发行人股票上市之日起 36 个月内不得转让或者委托他人管理其直接和间接持有的发行人首次公开发行股票前已发行股份，发行人也不得回购该部分股份。申报前 6 个月内进行增资扩股的，新增股份自发行人完成增资扩股工商变更登记手续之日起锁定 3 年。在申报前 6 个月内从控股股东或实际控制人处受让的股份，应比照控股股东或实际控制人所持股份进行锁定。发行人控股股东、持有股份的董事、高级管理人员也可根据具体情形提出更高、更细的锁定要求。

192. 企业上市后的募集资金使用应注意哪些问题？

企业上市募集的资金必须按照招股书说明书所列资金用途使用。改变招股说明书所列资金用途必须经股东大会作出决议。擅自改变用途而未作纠正的或者未经股东大会认可的，不得公开发行新股。具体而言，募集资金使用应注意以下事项：

1. 上市公司应当对募集资金使用的目的、分级审批权限、决策程序、风险控制措施及信息披露程序作出明确规定。

2. 上市公司应当确保募集资金使用的真实性和公允性，防止募集资金被控股股东、实际控制人等关联人占用或挪用，并采取有效措施避免关联人利用募投项目获取不正当利益。

3. 上市公司应当在每个会计年度结束后全面核查募投项目的进展情况。上市公司募投项目年度实际使用募集资金与最近一次披露的投资机会差异超过30%的,应当调整募投项目投资计划,并在募集资金年度使用情况的专项报告中披露最近一次募集资金年度投资计划、目前实际投资进度、调整后预计分年度投资计划以及投资计划变化的原因等。

4. 上市公司募集资金投资项目出现以下情形的,应当对该项目的可行性预计收益等进行重新评估或估算,决定是否继续实施该项目,并在最近一期定期报告中披露项目的进展情况、出现异常的原因以及调整后的募集资金投资计划:

(1)募集资金投资项目市场环境发生重大变化;

(2)募集资金投资项目搁置时间超过1年;

(3)超过前次募集资金投资计划的完成期限且募集资金投入金额未达到相关计划金额的50%;

(4)其他募集资金投资项目出现异常的情形。

5. 上市公司改变募投项目实施地点的,应当经上市公司董事会审议通过,并在2个交易日内报告交易所,公告改变的原因及保荐机构的意见。上市公司改变募投项目实施主体、重大资产购置方式等实施方式的,还应在独立董事、监事会发表意见后提交股东大会审议。

后　　记

资本市场的发展是我国经济发展的重要环节，我国资本市场的注册制改革为企业上市发展提供了新的契机。企业上市是推动地方经济发展的重要途径，也是企业健康发展的必然选择。如何推动企业上市是很多地方政府及企业关注的问题。

企业上市难长期困扰着中小型企业，尤其是民营企业。上市难产生的原因是多方面的，如我国多层次市场不完善，地方政府以前不重视上市工作等原因，但发行上市主要还是企业家自己的事情，单靠政府推动是难以突破的，上市难归根结底更多地要找企业自身的原因。注册制改革会在一定程度上解决上市难的问题，但企业上市能否成功，最终还要看企业家是否有资本市场意识，企业自己是否愿意上市以及企业规范程度等。

河南省法学会作为省委领导的人民团体、群众团体和学术团体，高度重视研究资本市场的法律问题。2019 年 12 月，经河南省法学会批准，成立了以证券法学研究为重心的证券法学研究会，由长期从事资本市场和经济研究的原河南省金融服务办公室的孙新雷主任担任证券法学研究会的会长，会集了省内一批从事证券法学研究和投行实务工作的专家教授、律师、保荐代表人、基金专家等专业人士，把推动企业上市作为研究会研究的一大重心，致力于推动解决企业家面临的上市难问题以及如何提高上市公司质量等问题。

解决企业上市难问题，应从以下几个方面着手。一是提高企业家的资本市场意识。很多企业家缺少资本市场意识，不愿意进入资本市场或害怕资本市场带来的企业变革。二是让企业家熟悉上市的基本规则。很多企业家不熟悉企业上市的基本规则，也没有时间系统地研究这些规则，不知道如何推动企业发行上市。三是企业要规范运作，避免产生上市障碍。很多企业在没有达到一定规模前，难以得到熟悉上市规则的专家、律师、会计师等专业人士的指导，由此产生了上市障碍，加大了企业上市的难度。河南省法学会证券法学研究会为此开展了一系列工作，2020年开始举办企业上市发展论坛，意在提高企业家资本市场意识；编写指导企业上市的丛书，让企业家熟悉企业上市的基本规则；组织专家学者开展上市培育工作，指导企业规范运作。

本书就是河南省法学会证券法学研究会为解决企业上市难问题进行的一次尝试。企业上市的书籍汗牛充栋，数不胜数，但由于专业性太强，专业知识难以消化，或者内容太多，企业家没有时间逐页通读。河南省法学会证券法学研究会委托盈科律师事务所编写此读本，既要求通俗易懂，又要求有针对性，企业家可以就上市存在的疑问直接找到答案，力争用这样的方式更多地普及企业上市知识，推动企业上市工作的开展。

《企业上市知识全程解答》围绕企业为什么上市、境内外资本市场状况、企业发行上市的条件、上市服务机构、企业如何作上市准备以及上市的过程、企业上市常见问题等内容，回答了190余个企业家上市时经常问到的问题。参加编写的律师都是多年从事企业上市法律服务的执业律师，在专业方面反复推敲和把关，最终形成了文稿。河南省法学会证券法学研究会期待通过此读本，能够让企业家有更多的资本市场意识，更多地熟悉资本市场规则，帮助企业更加顺利地进入资本市场，找到更好的发展机会。

河南省法学会证券法学研究会

2021年3月10日

李　华

盈科律师事务所创始合伙人、盈科全国业务指导委员会主任。

李华律师作为盈科全国业务指导委员会主任，负责盈科体系内的专业化建设，带领盈科律师，构建出完整的专业化法律服务体系，包括研究院、律师学院、专业委员会及综合性法律中心，推动盈科律师专业化的法律服务，以适应法律服务市场不断细分的需要。在此基础上，通过集成各专业委员会纵深化的法律服务能力为客户提供综合性的法律服务。

曾荣获全国律师行业优秀党员律师、北京市优秀律师、朝阳区优秀律师、朝阳区首届优秀女律师、朝阳区优秀党员的荣誉称号。

李曙衢

盈科律师事务所全球总部合伙人，盈科郑州管委会主任，律师、注册会计师、税务师，《法治日报》首批律师专家库专家，河南省法学会常务理事，省法治智库专家，省法学会证券法学研究会、律师学研究会副会长，省律协财政税收专业委员会主任。毕业于郑州大学经济学（辅修房地产经营管理）及浙江大学民商法专业，曾从事财税工作10余年，执业后参与20余家企业的上市（IPO）尽职调查、股改及多个并购、新三板挂牌业务与众多企业的税务筹划、税务风险防控和争议解决事务。兼任天迈科技、健民药业的独立董事。编著《创业板上市法律操作实务》《透视新三板：全国中小企业股份转让系统挂牌操作实务》《科创板上市指引》等。

钟燕杰

盈科郑州税务与上市法律事务部执行主任，2018年河南省公诉人与律师论辩大赛“最佳辩手”，河南省法学会证券法学研究会秘书长。执业期间，参与10余家企业IPO项目、多家企业新三板挂牌及定向增发和公司改制重组等非诉项目，代理多起重大民商事诉讼案件，具有丰富的公司上市、并购重组、重大民商事诉讼等工作经验。编著《科创板上市指南》等。